JN024578

訳注 声字実相義

松長有慶

春秋社

訳注　声字実相義

目　次

声字実相義　本論　29

凡例

一　本書は弘法大師・空海の著作になる『声字実相義』を取り上げ、その内容について広く江湖の理解を得るために、もとになる漢文を、まず【現代表現】に改めて提示し、ついで【読み下し文】と【原漢文】を加え、さらに原文中の難解な用語を解説する【用語釈】を付す四段の構成からなる。ただし必要に応じて、【要旨】、【解説】などを付け加えた。

一　底本として『定本弘法大師全集』第三巻（密教文化研究所　平成六年）に依ったが、『弘法大師全集』第一輯（祖風宣揚会編　明治四三年刊、高野山大学密教文化研究所　昭和四〇年復刊）をも参照した上で、著者の見解に基き、【読み下し文】を作成した。

一　【原漢文】は中川善教編著『漢和対照　十巻章』（高野山出版社　昭和五二年）を参照したが、【定弘】と【弘全】と異なる場合、著者の見解により改めた箇所もある。

一　漢文の助辞、副詞、代名詞、接続詞も、できる限り漢字で残したが、漢字が連続して読みにくい場合は、かな書きに改めた箇所もある。

一　漢字は旧字、略字、俗字などを、現行の字体に改めた。ただし略字などが旧字と意味が変わる場合は、旧字を用いた。(例) 辨(弁)、慧(恵)など。

一　参考文献が版本であって、和綴じ本で中央に頁数が記されている場合、本書では、頁に続き左右の順で記載している。また『続真言宗全書』では頁数が、上部では算用数字が、下部では漢数字が用いられ、両数字が必ずしも一致していないが、本書では上部に掲載されている算用数字に依っている。『真言宗全書』では、注釈書ごとの頁数と、通頁数の両方が記載されているが、通頁に依った。

参考文献

（【　】は略記号、（　）は初出）

〈基本文献〉

『弘法大師全集』第一輯　高野山大学密教文化研究所　一九六五年（〇九年）【弘全】

『定本弘法大師全集』第三巻　高野山大学密教文化研究所　一九九四年【定弘】

〈原漢文の参考文献〉

中川善教編『漢和対照　十巻章』高野山出版社　一九七七年【中川】

〈参考文献〉

（江戸時代までの注釈書）

道範『声字実相義抄』二巻（『真言宗全書』第十四巻）一九七七年（三三年）【道範】

道範？・『声字実相義問答』一巻（『真言宗全書』第十四巻）一九七七年（三三年）【問答】

頼瑜『声字実相義開秘鈔』二巻（『真言宗全書』第十四巻）一九七七年（三三年）【頼瑜】

頼瑜『声字実相義愚草』二巻（『続真言宗全書』第十七巻）一九七八年　【愚草】
杲宝口・賢宝記『声字実相義口筆』五巻（『真言宗全書』第十四巻）
一九七七年（一三三年）　【賢宝】
宥快『声字実相義鈔』三巻（『真言宗全書』第十四巻）一九七七年（一三三年）
【宥快・義鈔】
宥快『声字実相義研心鈔』十巻（『続真言宗全書』第十七巻）一九七八年　【宥快・研心】
長誉『声字実相義問題』二巻（『十巻章問題』）一八八〇年　【長誉】
覚眼『声字実相義撮義鈔』二巻（『智山全書』第八巻）一九六六年　【覚眼】
曇寂『声字実相義私記』三巻（『真言宗全書』第十四巻）一九七七年　【曇寂】
妙瑞『続宗義決択集』巻第二（合本十二冊の内）佐伯旭雅改訂／源宏忍校訂
一八九一年　【妙瑞】
周海『声字実相義紀要』三巻（『真言宗全書』第十四巻）一九七七年（一三三年）　【周海】
亮海『声字実相義講筵』一巻（『智山全書』第八巻）一九六六年　【亮海】
卓義『声字実相義開秘鈔塵滞記』二巻（『豊山全書』第七巻）一九三八年　【卓義】

（近代の解説書）

塚本賢暁『国訳声字実相義』（『国訳密教』論釈部第一）国訳密教刊行会　一九二二年　【塚本】
那須政隆『声字実相義』（『国訳一切経』和漢撰述　諸宗部二十）大東出版社　一九三七年　【那須・国訳】
那須政隆『《声字実相義》の解説』成田山新勝寺　一九八五年　【那須】
長谷宝秀『十巻章玄談』（『長谷宝秀全集』第二巻）法蔵館　二〇二〇年（一九四五年）　【長谷】
栂尾祥雲『現代語の十巻章と解説』高野山出版社　一九七五年（四九年）　【栂尾】
勝又俊教『弘法大師著作全集』第一巻　山喜房仏書林　一九六八年　【勝又】
松本照敬『声字実相義』（『弘法大師空海全集』第二巻）筑摩書房　一九八三年　【松本】
小田慈舟『声字実相義講説』（『十巻章講説』上巻）高野山出版社　一九八五年　【小田】
頼富本宏『声字実相義』（『空海』・『日本の仏典』2）筑摩書房　一九八八年　【頼富】

宮坂宥勝『傍訳弘法大師空海　即身成仏義　声字実相義』四季社　二〇〇二年【宮坂】

福田亮成『現代語訳　声字実相義』（『弘法大師に聞くシリーズ』6）ノンブル社　二〇〇二年【福田】

北尾隆心『声字実相義』（『空海コレクション』2）ちくま学芸文庫　二〇〇四年【北尾】

加藤精一『空海「即身成仏義」「声字実相義」「吽字義」』角川ソフィア文庫　二〇一三年【加藤】

HAKEDA, Yoshito S. *Kukai:Major Works*, Columbia University Press　一九七二年【Hakeda】

KAWAHARA, Eihō & JOBST, C. Yūhō *Ausgewählte Schriften : Sokushin-jōbutsu-gi, Shōji-jissō-gi, Unji-gi, Hannya-shingyō-hiken*, Iudicium　一九九二年【Jobst】

Giebel, Rolf W. *Shingon Texts*（Numata Center for Buddhist Translation and Research）二〇〇四年【Giebel】

TAKAGI, S. & DREITLEIN, T. *Kūkai on the Philosophy of Language*, Keio University Press　二〇一〇年【高木・ドライト】

〈近代の研究書〉

森田龍遷「聲字實相論に對する考察」『密教研究』三六　一九三〇年
北尾克三郎『空海の哲学〈声字実相義〉』プロスパー企画　二〇〇七年
井筒俊彦『コスモスとアンチコスモス』岩波書店　一九八九年
井筒俊彦『意識と本質』岩波書店　一九九一年（八三年）
中村雄二郎『共振する世界』青土社　一九九一年
W・J・オング著　桜井直文ほか訳『声の文化と文字の文化』藤原書店　一九九一年
大橋　力『音と文明』岩波書店　二〇〇三年
C・レヴィ＝ストロース著　竹内信夫訳『みる　きく　よむ』みすず書房　二〇〇五年
藤井　淳『空海の思想的展開の研究』トランスビュー　二〇〇八年
竹内信夫『空海の思想』ちくま新書　二〇一四年
高木訷元『空海の座標　存在とコトバの深秘学』慶応義塾大学出版部　二〇一六年

【竹内】

【高木・座標】

高木訷元『空海　還源への歩み』春秋社　二〇一九年【高木・還源】

村上保壽『空海教学の神髄「十巻章」を読む』法藏館　二〇一六年【村上】

岡村圭真『空海思想とその成りたち』（『岡村圭真著作集』第一巻）法藏館　二〇一九年【岡村】

『『声字実相義』の研究』（高野山大学密教文化研究所紀要　別冊）二〇二〇年【紀要別・声】

『大正新脩大蔵経』第三十二巻五百七十二頁下段（例示）【大正】三二・五七二下

訳注　声字実相義

『声字実相義』の全体像

1　音と声、名と実

「祇園精舎《ぎおんしょうじゃ》の鐘の声　諸行無常の響きあり。
沙羅双樹《さらそうじゅ》の花の色　盛者必衰《じょうしゃひっすい》の理《ことわり》をあらわす」

『平家物語』の冒頭の一句である。日本人にはなじみが深い。奢れる人も久しからず、ただ春の夜の夢の如し。日本の武家きっての名家、平家の栄枯盛衰を、仏教の教えの精髄を表わす言葉で簡潔に述べたフレーズとして日本人にはよく知られている。

だがこの人口に膾炙《かいしゃ》されている名句も、よく考えてみると、ちょっと首をかしげてみたくなるような点が、二ヵ所ある。

仏教の開祖である釈尊がお住まいになり、お弟子さんたちに説法された祇園精舎に、残念ながら鐘つき堂も鐘もない。お釈迦さん当時にあったという記録も見当たらない。

だが日本人の多くは、近辺の仏教寺院から余韻を伴って流れる鐘のはかない響きに、諸行無常を感じ取り、それに急速に没落した平家の悲運を重ね合わせて思わず涙を催す。

次におかしいなと感じるのは、鐘の声である。普通にわれわれは鐘のような非生物が発する音響を音といい、人間や動物のそれを声という。このような常識に従えば、鐘の声ではなく、鐘の音じゃないのかという理屈にもなる。

同じような使い方は他にも少なくない。

戦後まもなく『聞け　わだつみの声』という本が出版され、ベストセラーになった。第二次世界大戦中、学業を捨て、戦場に向かわされて戦死ないし戦病死し、或いは戦後に戦勝国によって戦犯として処刑された学徒の手記を集めて出版された書物である。この「わだつみの声」は彼らの残した声の擬人化ではあるが、人格を持たない大海原から押し寄せる波うつ音が非戦を叫ぶ声として、われわれの魂を揺さぶる。

そもそも日本語で、音と声との区別が曖昧なところもある。音《おと》という直接表現ではなく、音という字に、（ね）とルビを振ることも少なくない。笛の音《ね》、琴の音は、楽器で非生物だが、鶯の初音《はつね》ともいう。生物の声もここでは音である。祇園精舎の鐘の音も、人間の何らかの情感が込められると、生物化して声に変じるのであろうか。そういえば日本語には、川のせせらぎとか、風のそよぎという、音という字を使わないで、感情のこもった音の感触をイメージさせる表現もある。

声という言葉を、ヨーロッパの言語や、アジア、とくにインド・中国・日本とたどってみるのも面白い。このような企てを細部にわたって論及するのは、筆者の力量の及ぶところではないので、完璧を期することは出来ないが、その一部だけでも披歴してみよう。

古代インドのタントラ文献（基本的には修法の書であるが、思想的に重要な記載や宗教的な伝承を含む。ヒンドゥー教、仏教、ジャイナ教それぞれに所属する）では、宇宙万物は聖なる音オーム（oṃ）のような基本音となる短音節のマントラ（mantra）すなわち真言から展開したものと考えられている。つまりわれわれがこの宇宙で見たり、感じたりする物体は、すべて震動をそれぞれ凝縮した音なのである（アジット・ムケルジー著・松長有慶訳『タントラ・東洋の知恵』新潮選書、一九八一年、五四頁）。

この振動音には強弱があり、パーニーニ（Pāṇini）などの文典派では、超自然的な音はスポータ（sphoṭa）、存在するが聞こえない超音波の音はナーダ（nāda）、かすかではあるがわれわれに聴取可能な音はドゥヴァニ（dhvani）と微妙に分かれている。

『ウパニシャド』では、「声（śabda）はブラフマン（brahman）すなわち最高実在たる梵である」という。この声はわれわれが日常的に使用している声であると同時に、絶対者であり、真実そのものでもある。古代インドでは、声は日常生活で発する声と、生物、非生物を問わず現世の事物を自在に支配する真理の凝縮された声と、この両面をあわせ持つ。

中国では声の二面性は考えられていない。それに代わって、名と実の関係が取り上げられる。世俗で使用される名は実在と深くかかわると考えられた。現象世界で発せられる声も、宇宙のエネルギーである本源的な声のあらわれであり、名もその本源的な声と繋がる。だから名もまた単なる符丁ではなく、名を呼ぶことは実在を動かすこととなる。声を発したり、名を呼ぶということは、単なる意思の伝達というだけにとどまらず、古くから不思議な現象を引き起こすと信じられてきた。もともと声とか名は、宇宙の真実在と繋がっていると考えられたからである。

古代インドにおいて、真実なる言葉が魔を払い、福をもたらすとされていたのも、このことと関連している。サンスクリット語で、賛歌とか音律を意味するチャンダス（chandas）には、呪術的な要素を含む。このサンスクリット語と同根のラテン語のカンターレ（cantare）は、歌うという意味であるが、もともと魔法にかけるとか、呪術を行使するということであった。またドイツ語で名前をいうナーメ（Name）は、もとは本源的な言葉の威力でもって、不思議をあらわすことでもあった。

日本でも、このような文化は存在して、声を出す、あるいは名を呼ぶという現実世界において通常に行われている行為が、実を招くと信じられてきた。例えば僧侶の世界で、最近まで一人の僧が、実名《じつみょう》と仮名《けみょう》と二種の名前を持ち、仮名のみを公表し、実名は秘して公にしない習慣があった。自己の名を知られることによって、他人により自己の存在が支配されることを恐れるからであった。

日本の民衆の間で古くから保持されてきた言霊《ことだま》の信仰も、声が実在と直接的に結びついているために、現実世界に吉凶をもたらすと信じられてきた。

2　物、形、色、動き

ここに一つの物体がある。その物体には、形があり、色があり、動きあるいは働きがある。生物、非生物を問わず、「もの」にはこれら三種の属性が、ほとんどの場合に具わっているといってよい。近代人にとってものに関するこれら三種の属性は、それぞれ別個の概念である。

自身の見解や感性によって、彫刻家は物の形を造り出し、画家はカンバスに色を塗り、技術者は物を動かす。それらの間に特別な関連性はない。ところが密教とかヒンドゥー教のタントラでは、ものの形と色と動きは、いずれも宇宙の本質の現実的な表現であり、互いに密接な関連性をもつ。

日本に伝えられた曼荼羅《まんだら》は、中国を経由したために、色彩の持つ意味はほとんど失われたが、インド仏教の影響を強く残すチベット仏教の寺院に残されている曼荼羅には、赤・黄・青・緑などの原色で彩色された仏像が並ぶ。日本の仏教美術の枯淡さに慣れた眼には、それらがいかにも毒々しい色彩に思えて親しめない。ところがチベット仏教の仏像に施された色彩は、それぞれの仏像の思想的な背景と密接な関係を持つ。それはいずれも宇宙の真理の象徴なのである。

例えばチベット密教の金剛界《こんごうかい》曼荼羅の五仏は白・青・黄・赤・緑の五色に塗り分けられ、それぞれが別個の思想を表現している（詳しいことは、松長有慶『密教』岩波新書「Ⅳ章3　曼荼羅の構造」参照）。しかし中国を経て日本に伝えられた五仏はいずれも人間の肌色に変えられている。とはいえ日本仏教の中では、わずかに京都の神護《じんご》寺の五大虚《ごだいこ》空蔵菩薩《くうぞうぼさつ》に、五色の面影が残されていて貴重である。

3　声・言葉の三種の機能

われわれが日常的に使用している声とか言葉や文字は、単に人間の意思伝達の手段という役割を果たしているだけではなく、宇宙の真実なるものと密接な繋がりを持つ。逆にいえば、人間の通常の認識活動では容易に把握できない真理が、声とか文字という日常性の中に隠れて存在している。このことに関して、インド・中国の思想を背景とした独自の言語論を展開し、仏教の典籍を用いて、九世紀初期の日本においてそれを論理的に証明しようとしたのが、弘法大師・空海の『声字実相義《しょうじじっそうぎ》』（略称『声字義』）である。

二十世紀の前半、ヨーロッパに起こった構造主義の哲学は、哲学の領域のみならず、社会学や人類学に少なからぬ影響を与え、第二次世界大戦後の欧米における思想潮流の中で無視することの出来ない存在となった。なかでも構造主義哲学の根幹をなす言語論は、ヨーロッパとアメリカにおいて隆盛を見たが、インド、中国をはじめとする東洋思想に対しても、その視野に入れようとする気配が動き始めた。空海の『声字実相義』に対しても、二十世紀後半期には幾多の近代思想の研究者から注目され始め、新しい視点からの研究業績も相次いで発表されるようになった。

これらの研究は、日本の伝統的な真言教学に新しい刺激をもたらすことになった。声とか言葉の問題については、真言宗の伝統教学はおおむね性相学《しょうそうがく》（中観《ちゅうがん》・唯識学《ゆいしきがく》）を対象として議論が進められる傾向をもっていた。このような角度から学ばれてきたために、宇宙の万般の事象と密接につながる声・言葉に対する問題意識のありように関しては、日本の伝統教学と近代の哲学研究との間には、共通項が少ない。これらの問題の距離感を意識し、少しでも両者の間の溝を埋める効果を目指して、以下にこの問題と正面から対峙する空海の著になる『声字義』の解明を進めていく。

人間の言葉はおよそ次のような三種の機能をもつ。

1　意思の伝達とともに論理的な思考の補助作用。

2　感情に訴え、何らかの感興を呼び起こす働き。

3　真理と繫がり、人間社会の状況に何らかの影響を与える。

これらの言葉の三種の機能については、松長有慶『訳注　般若心経秘鍵』（春秋社、二〇一八年）の附録二二頁も併せて参照されたい。

1の意志の伝達において、通常用いている言葉が必ずしも完全でないことは、われわれが日常的にしばしば経験するところである。言語や文字を通して、人間の意志が誤りなく相手に伝えられるか。私たちは対話や講演の後で、あるいは文章を読み終えて、正確に話者や著者の意志を誤りなく受け取ることは先ずありえない。ましてや人から人へ、言語によって意思が伝達されるとき、複数の人を介した意思の伝達が、最終的には違った内容に変わることがよく起こる。

子供の頃に遊んだ伝言ゲームなどで、最初の話者の言葉が、最終の聞き手には想像外の奇妙な内容の言葉に変わってしまっていることが少なからずあったことを懐かしく思い出す。大人の会話であっても、言葉の中には、話者の感情とか経験がいくらか含まれて伝えられ、繰り返されるうちに内容が少しずつ変形してしまう経験を持つことも一度や二度のことではない。日常生活の中で、言語はもともと不完全性を具えているといってよい。

さらに私たちは何らかものごとを考える時に、無意識のうちに言葉を介して行っている。それが母国語であるかどうかはさておいて、一般的にいって論理的な思考には言語の媒介が必要となる。これも1の範囲に入れてよいであろう。

2の感情に訴え、何かしらの喜怒哀楽の感興を呼び起こす。これには詩とか短歌、俳句ないしは朗読、歌唱や諸種の芸能などが含まれる。この場合は作者や演者の意図する内容と、寸分たがわぬ伝達の受用よりも違った受け取り方もまた許される。

3の真理と繫がり、人間社会のありように何らかの影響を与える。これがまさに密教でいう〈真言〉に相当する。真実なる言葉は、人間社会の事象のみならず宇宙全般を動かす強い力を持つ、という考えは、全人類が普遍的に持つといってよい。

言葉を単に思想伝達の道具としてだけではなく、存在の根底と見做す思想は、洋の東西を問わず、古くから哲学、宗教、芸術などの分野において幅広く認められる。『ヨハネ伝福音書』の冒頭にある「太初《はじめ》に言《ことば》あり、言は神とともにあり、言は神なりき」は、キリスト教徒以外でもよく知られている。

日本においても、言《こと》は事と音を共にするように、言葉が現実の事を支配すると信じる文化を持っている。古くから日本人の間で保持されてきた言霊《ことだま》の信仰も同じ思想基盤に立つといえるであろう。ヘブライ語の dāvāra も、この両義を持ち、言葉と事物とを同一視する（井筒俊彦『意識と本質』岩波書店、一九九一年、二三五頁）という。

4　インド思想における声・言葉

インドでは古くから〈真実語〉（satyavacana）の信仰が広く流布していた。真実なる言葉はそれが持つ呪力によって人々を不幸に陥れんとする悪鬼や悪霊を征服し、或いは排除し、人々に幸運と生活の安寧をもたらすと信じられている。インドの抒情詩『マハーバーラタ』（Mahābhārata）や、仏教においては本生話『ジャータカ』（Jāthaka）の中にも、真実語による招福、あるいは虚偽の言葉による不幸の招来など、興味ある話題が数多く提供されている。

声を宇宙の本質たる梵《ぼん》（Brahman）と同一視するいわゆる声梵説（śabdabrahma-vāda）は六世紀後半から七世紀初頭に生存した、文法学者のバルトリハリ（Bhartṛhari）の著作である『ヴァーキャパディーヤ』（Vākyapadīya）の冒頭に見出される。

「不壊《ふえ》なる声の本体は、無始無終なる梵である。（それは）事物の状態となって現れ、それによって世界は生み出される」と。

声については『マイトリ・ウパニシャド』（Maitri-upaniśad）六・二二の偈に、

「梵には二種あり、声梵と最高梵である。声梵に通達した者は、最高梵に到達する」

とあり、同じ偈文が『マハーバーラタ』にも存在する。ちなみにバルトリハリの活躍年代は『大日経』の成立の直前と見られ、この時代に最高梵が世界を生むという思想が一般に流布していたと思われる。ただし『大日経』は、声を最高の実在と見る考えは受け入れるが、その最高の実在を世界創造の根源と見做す哲学は、少なくともインド中期までの密教には継承されていない（松長有慶「インド密教における言葉・文字・声」『北条賢三博士古稀記念論文集』山喜房仏書林、二〇〇四年）。

5　中国思想における声・言葉

中国思想において、声ないし言葉の問題を検討する上で注目すべきは「名」である。それは空海の著作の中では『声字義』を始めいくつかの文献に現れるが、『声字義』を注釈する伝統的な教学者も名についてはそれほど関心を払ってはいない。同じく現代の研究者もこの点についてはほぼ無関心である。

中国では六朝期より、言語哲学の問題として「名実論争」が盛んに行われた。空海はその流れを継承して、『文鏡秘府論《ぶんきょうひふろん》』巻一の四声論において、「名は実を離れず、実は名に遠からず。名実の相い憑ること理自ずから然り矣。故に声は物を逐いて以て名を立て、紐は声に因りて以て転注す。」（【定弘】六・二九）と記している。また同書の丼序には、「一は名の始めと為し、文は則ち教の源なり。名教を以て宗と為せば、則ち文章は紀綱之要と為るなり（中略）文に因りて名を詮らかにし、名を唱えて義を得る。名義已に顕らかにして以て未だ悟らざるものを覚す」（【定弘】六・三）とある。これらの場合の「名」は言葉と見てよい。

中国哲学の碩学加地伸行は「対象に接して、それを他と分別し、明晰にする行為として〈名〉が用いられる。この物（人を含む）に対して名づける行為、換言すれば〈物とことばとの対応〉が言語のあらゆる意味での出発点である」（『中国論理学史研究』研文出版、一九八三年、六三頁）。また「名づけるとは分別することで、この分別するということ、換言すれば明晰にすることは〈名づける〉ことの最も基本的な意味である。〈名づける〉以前、精神は暗黒未分の状態であったのに、〈名づける〉ことによって精神世界に光明が与えられることを意味する」（『同書』、六一頁）と述べている。

中国の道教の典籍『荘子《そうじ》』の「道は名無し。名無し、天地の始。名有り、万物の母。」の文を引いて、イスラム教の研究者であり、言語哲学に詳しい井筒俊彦は「〈天地の始〉一切の存在者が〈もの〉として現れてくる以前の〈道〉すなわち根源的〈存在〉には名前がない。それは言語以前であり、分節以前である。それを老子は天地分離以前という。ところが名の出現とともに天と地は互いに分かれ〈道〉は〈万物の母〉となる。言語によって無分節の〈存在〉が分節されて、存在者の世界が経験的に成立する」（『意識と本質』岩波文庫、一九九一年、一三頁）と説明している。

言葉は日常的な会話に使用せられるとともに、前述の3の機能すなわち、真理とも繋がるという二面性を持つ。そのあいまいさを避けて、インドでは最高存在である梵を、最高梵と声梵に二分した。井筒は根源的な存在とかかわる言葉を「コトバ」とカタカナ書きにし、現実世界で使用される「ことば」、「言葉」と区別して用いている。筆者も以下にその例に倣う。

混沌とした天地分離以前の状態にある〈根源的な存在〉を分節化する、つまり現実世界において具体的に把握可能なものとすることを「名づける」という。したがって「名」とはその行為を名詞化したものである。根源的な存在である「コトバ」が分節化され、日常語としての言葉となる。それが「名」である。中国思想関係の多くの研究者が、このような意味を持つ名を「ことば」と解する理由もここにある（本論の【用語釈】の「名教」本書三九頁参照）。

中国の思想界においては、根源的なコトバと日常的な言葉との密接な繋がりを意識してとくに「名」という語を生み出した。このことを十分意識していた空海は『声字義』の中で、中国的な理解を継承して名という語をしばしば用いている。ところが日本では、それ以後、根源的な存在いわゆるコトバを分節化した意味での「名」を、現実社会でも、思想界でも一般に用いることはほとんどなかった。したがって日本では『声字義』に対する伝統的な注釈者も、現代の研究者も、多くの学者がこのことに気づかず、それぞれの注釈書の中でこの「名」を、名人、名所などのような「すぐれた」の意味として受け取る過ちを犯してきたといえるであろう。

6 『声字義』における色・文字・声

『声字義』の主題は、現実世界に存在する、生類がもつ眼・耳・鼻・舌・身体・意識の六種の感覚器官（六根《こん》）のそれぞれの対象となる色《しき》・声《しょう》・香《こう》・味《み》・触《そく》・法の六境《ろくきょう》（六《ろく》塵《じん》）という世俗的なものが、現実世界に存在するままで絶対の真実に他ならないという密教独自の観点を披歴するにある。そのうち『声字義』で取り上げる主題は、前半部に声つまり言葉ないし文字、後半部に色つまり物質、この二点である。それぞれに頌《じゅ》を配し、それらの内容を解説して、その中に空海独自の思想と解釈を挿入する。

前半部の声・文字などの言葉が実相にほかならぬというテーマを取り出すについて、二頌を挙げている。最初の一頌は『大日経』具縁品《ぐえんぼん》からの引用文である。それは、

「等正覚《とうしょうがく》の真言の　言《ごん》と名《みょう》と成立《じょうりゅう》との相は、
因陀羅宗《いんだらしゅう》の如くして　諸の義利《ぎり》成就《じょうじゅ》せり」である（最後《さいご》の増加《ぞうか》の法句《ほうく》は除外《じょがい》する）。

この『大日経』の具縁品の頌が、何故、声字実相の典拠となるかについて、【宥快・研心】（四五四下）は「後の二句は喩説を挙げて、声字実相の無辺の用を表す。初めの二句は正しく声字実相の体なり。所謂、等正覚とは実相なり。真言とは声なり。言名等は字なり。この四句の経文により能く声字実相の義を了簡あるべきなり」と述べる。おそらくそれが『大日経』の文をここに引用した空海の目的であると思われる。

『大日経疏《だいにちきょうしょ》』巻七（【大正】三九・六四九下）に、「如来の真言の通相として、一字よりなる語は言、二字よりなり一義をもつ語は名、三字以上の複合した文字よりなる語は成立と称せられる（取意）」と。つまり真言を構成する語の数により、言、名、成立の区別がなされる。空海著の『金剛頂経開題《こんごうちょうきょうかいだい》』（【定弘】四・七五）もそれに倣っている。

一方、『大日経』に対するブッダグヒヤ（Buddhaguhya）の注釈書『大日経広釈《だいにちきょうこうしゃく》』によると、この箇所における、「言」は真言そのもの、「名」は jina とか jik といった尊名の省略形、漢訳語の「成立」はサンスクリット語の saṃketa に相当し、忿怒尊には phaṭ、仏・菩薩には namas とか svāha といった語の決まりを表す言葉である（松長有慶「言名成立考」『密教学研究』三六・四―六頁参照）。

異なる言語の翻訳の相違を巧みにとらえて、空海は原文とは相違した訳語のままに「声字実相」思想の典拠としたものと思われる。本論では空海の思想を捉えるのが目的であるから、ここではインドにおける本来の解釈は置いて、空海の解釈に随う。

次いで、

「五大に皆響き有り。十界に言語《ごんご》を具す。
六塵は悉く文字なり。法身は是れ実相なり。」

という自作の一頌を掲げて、地・水・火・風・空の五大について、顕密の解釈の相違を説明する。顕教では五大は単なる物質的な構成要素に過ぎないが、密教の解釈によれば、五大とは五字・五仏ないし一切の諸尊のことを意味し、十方世界に存在するあらゆる文字や言語に、諸仏が充満することを明らかにする。

7 『声字義』における物と心

『声字義』の前半は六塵の中の、声塵（言葉と文字を含む声）が本源的な真理と密接な繋がりを持つことを明らかにした。次いで後半部分では、六塵中の色塵が主題となる。人間の持つ六種の感覚器官つまり六根の対象となる色・声・香・味・触・法の六境である。これらはいずれも感覚器官の対象物であり、その代表となる色《しき》は物質を指す。

この色は、顕色《けんじき》（いろ）、形色《ぎょうじき》（かたち）、表色《ひょうじき》（うごき）の三種の性質を具えている。これら三種の色は『瑜伽師地論《ゆがしじろん》』を始め一般の仏教でも説かれるところであり、密教独自の説ではなく、唯識教学ないし法相宗の教説として知られている。

ところが『声字義』では、もともと物質とされている顕・形・表の三色に対して、内と外、正《しょう》と依《え》、法然《ほうねん》と随縁《ずいえん》という対立項を当てはめ、生物・非生物を問わずすべての物が三色を具え持ち、互いに交流し合うと説く。もともと法相宗などが用いる一般仏教の専門用語をそのまま利用して、その中に密教の主張である、物質を含めて一切の存在がいのちを持つという考えを挿入している。

最後の箇所で、仏教の三身説を提出して、その中に密教の法身の四身説を組み込ませる手法も若干無理のように見えるが、既成の仏教の術語の中に、密教独自の思想を組み込ませる作業として見逃すことができない。

8 『声字義』の著作年代

『声字義』の中に、「『即身義』の中に釈するが如し」という語が二度にわたって見出される。この記述に基づき、通常『声字義』は『即身義』以後の作品と見做されてきた。『即身義』の著作は弘仁の後期と想定してよい（松長有慶『訳注　即身成仏義』五―一二頁）ので、『声字義』もこの頃の作と考えられてきている。

ただ『声字義』中に『即身義』を見よと書かれているとはいえ、それは「法身仏の身密が無量である」との箇所、および「五大」についての説明の箇所で、ここであえて『即身義』を持ち出す必要性は考えにくい。この二ヵ所の指示は、後世の挿入と考えられる。

『声字義』の原文を検討すると、その前半の声字に関する叙述は、声・文字等に関する言語哲学で、独創性も豊かで、その独自の主張にも、引用文にも空海の強固な意志が感じ取られる。それに反して、後半部分の「顕・形・表」の解釈においては、密教のみではなく、顕教とくに法相宗の教説への配慮、『瑜伽師地論』の引用、ないし典拠として『華厳経』を引き合いに出す等々、法相教学ないし華厳教学に対する意識が他の著作に比して表面化しているようである。とはいえ、これらの解説を通して、色聚つまり物にもいのちを認める思想や、顕教の三身説の中に、密教独自の法身の四身説を挿入するなど空海独自のユニークな手法も失われていない。ただそれは空海の後半生の作である『即身義』『秘蔵宝鑰』『般若心経秘鍵』等の中での自説の強固な主張に比べて、トーンの低さは認めざるを得ない。

さらにまた『声字義』では、『大日経』は再三にわたって引用せられているが、『金剛頂経』の名前が現れるのは一ヵ所に過ぎない。すなわち「金剛頂及び大日経所説の字輪字母等是れなり」(【定弘】三・四〇)で、この場合のテーマである字輪・字母に関する問題と関連するもので、取り立てて思想を取り挙げているわけではない。ここであえて

『金剛頂経』の名を出す必然性は高くない。また『金剛頂経』系経典よりの引用はわずかに一ヵ所に留まる。ここでは十界の名を挙げるに、その典拠として『花厳』及び『金剛頂理趣釈経』からの引用と断っている（【定弘】三・三九）。ところが検討してみると、これら二経には、十界の典拠は求められない（本書八一頁、【補注】参照）。『声字義』においては『金剛頂経』を典拠とする根拠は極めて薄弱で、空海にとって恵果《けいか》からの金胎両部の受法の意識は強烈であったにしても、両部経典を自在に駆使して、自らの主張の正当性を巧みに主張する準備が、まだ十分熟していなかった時代の著作ではないかと考えられる。

さらにまた前述の「五大に皆響き有り、十界に言語を具す」の頌に、五大と有って、何故ここでは六大ではないのか、という疑問（【頼瑜】六八下、【宥快・義鈔】二二四上）があっても当然である。それに対して、五大の持つ物質的な側面が響きを有するという考えは理解し易いが、具体性を持たない識大が響きを持つとは直ちに同意しえないので、省いたと解する伝統説もある（【頼瑜】同）。

伝統説では通例として、祖師の年齢の経過による思想の変遷については比較的無関心で、あらゆる著作にあらわれた思想を並列的に取り扱う傾向が強い。とはいえ『声字義』の著作時点において、空海の側において、まだ六大説に対する確固たる論拠に基づく証明がなされていなかった。つまり『即身義』の思想がまだ十分に完成していなかったために、一応、諸宗の学匠たちの理解の範囲内に納まる五大のみを取り上げたと考えることも、可能性としては残されている。

また空海の著作において、弘仁十一年作の『文筆眼心抄《ぶんぴつがんじんしょう》』に撰者名として「沙門遍照金剛撰」とある。これ以後の著作の撰者名はそれ以前の「沙門空海」にとって変わる。『即身義』『声字義』『吽《うん》字義』のいわゆる三部書の中で、『声字義』のみに「遍照金剛撰」の記載がない。

これらの点を考慮すると、『声字義』は真言教学が未だ十分に社会的な認知を得ていない、弘仁の一けた台の後半期に著作されたことも予想されてよいのではなかろうか。

弘仁五（八一四）年閏七月二十八日付けで嵯峨帝に献上された『梵字悉曇字母釈義《ぼんじしったんじもしゃくぎ》』（【定弘】五・一〇一—一〇四）には、文字の字相と字義について触れ、文字・声についての本来の意義が滔々と述べられていることは、声と真言の本質を追求する『声字義』との関連の緊密性を一面において物語るものと考えてよい。

さらにまた『声字義』には、冒頭に「一に叙意、二に釈名体義、三に問答」と内容を示しているにも関わらず、釈明体義つまり本論では、六塵の中の声塵と眼塵の二塵の説明で終わっている。また三の問答を欠く。もっとも論の終わりに、一編の問答が付されているが、この問答は後半部の顕・形・表のみに関する問答であって、全般に関するテーマを取り上げたものではない。これらの点から、『声字義』は未完の書ではないかとの疑念が古くより持たれてきた。

だが考えてみると、眼・耳・鼻・舌・身・意の六根の対象となる色・声・香・味・触・法の六境の中、その当時までの仏教における研究や論議の対象となっていたのは、眼と耳の二根と色と声の二境に限られている。残す所の四根、四境の解説はその必要性に乏しい。この意味において『声字義』においては、色塵と声塵に対する論考で趣旨は充足していると見てよいであろう。

9　声、心、いのちあるもの、いのちなきもの、一つに融け合う

「閑林に独坐す草堂の暁　三宝の声を一鳥に聞く
一鳥声有り　人　心有り　声心雲水倶に了了たり」

（『性霊集補欠抄』巻十、【定弘】八・二〇六）

山奥の夜明け。大自然が息吹をひそめてたたずむ深い静寂。そのしじまを破る三宝鳥の声。それを無意識の中で耳にして坐する修禅の人。それをそのまま受け入れる心。空を翔ける雲。かたわらの谷川を流れゆく水。これらはみんな別々の存在である。だがそれらが見事に融け合いながら、生命の根源の一に還ってゆく。そこではもはや時間の単位もすっかり消え失せている。

早朝、閑林に坐し、ひとり瑜伽を修する弘法大師・空海の心の微妙な動きとその周辺のたたずまいが、手に取るように鮮やかに一片の詩の中に歌い上げられている。

行者の周辺に突如響きわたる一羽の鳥の声が、静寂な中に人の心と樹々のいのち、雲や川のいのちと一つになって、永遠の今の一瞬を現出している。

鳥の声さえ、仏と、仏の御教えと、仏の御教えを伝える僧たちの御名を秘めている。『声字義』の中に込められた真言密教独自の哲学・思想の一端が、一編の詩の中に凝縮して歌い上げられている。

山の草堂で早朝　独り瞑想に耽っていた
鳥の声のようだ　ブッポウソウだろうか
仏とその教えと　それを伝える僧たちと
三つの宝の名を　一声に込め鳴いている
これらすべては　宇宙いたる処に満ちた
法身大日如来の　身と語と心のあらわれ
鳥の声と人の心　浮かぶ雲と流れゆく水
みんな解け合い　永遠の一に還ってゆく（著者試訳）

一　序説

1　内容の区分け

【現代表現】

最初に大綱を示し、次に題名を解説するとともに、本論の内容とその意味するところについて述べ、最後に問答を加える。

【読み下し文】

一つには叙意《じょい》、二つには釈名体義《しゃくみょうたいぎ》、三つには問答。

【原漢文】

一《ニハ》叙意、二《ニハ》釈名体義、三《ニハ》問答。

2　主題の提示

【要旨】

『声字実相義』の内容の重点を最初に要約して披露する。

言葉とか文字は、一般には人間の意志とか感情を他に伝達する目的をもって日常的に使われているように思われている。しかしよく考えてみると、言葉とか文字は真理そのもの、すなわち聖なる世界のありさまを、世俗の世界に住む人々に直接的に伝達する手段でもある、という受け止め方もある。ではわれわれ現世に生きる者が、聖なる世界からの発信を誤りなく受け止めるにはどうすればよいか。われわれが普段の生活の中で特別な意識を持たずに接している物や声、香りや味、触感、考える対象等あらゆるものの中に、神仏のメッセージが秘かに組み込まれている。そういう発想の転換を『声字義』

は要請している。

ただそのためにわれわれはどのように行動すべきであるかという問題は、本論の主題ではないので、他の著作、例えば『即身成仏義』、『吽字義』ないし『般若心経秘鍵』等に譲っていると見ていいであろう。


【現代表現】

最初に本書の大綱すなわちアウトラインを提示する。

如来が説法されるには、現実社会において表現することの出来る文字（ないし言葉）が必ず使われる。それらは特別に聖なるもののように思われているが、よく考えてみると、如来が説法される文字（言葉）は、われわれの周囲に存在するあらゆるものの中に潜んでいる。その文字（言葉）とは、われわれのもつ六種の感覚器官（眼、耳、鼻、舌、身体、意識）の対象となる六境、つまり色《しき》（眼に見えるもの）、声《しょう》（聞こえるもの）、香《こう》（匂うもの）、味《み》（味わうもの）、触《そく》（触れられるもの）、法《ほう》（考えられるもの）なのである。

これらは通常、仏道修行者にとって、覚りに向かうのに障害になるとして始末に負えぬ塵芥のように嫌われている。だから六塵《ろくじん》ともいわれているが、これらの中に如来の説法の本体があると聞けば、驚く他はない。

とはいえもともとこの六塵とは、絶対の真理を仏に見立てた法身《ほっしん》である大日如来の御体（身密《しんみつ》）と、御言葉（語密《ごみつ》）と、御心（意密《いみつ》）、つまり三密《さんみつ》を現実化したものである。これら三密は仏だけではなく、人間をはじめ動植物、さらに自然界に至るまですべてのものが平等に具えていて、互いに入り混じりあい、宇宙全般に遍満し、しかも永遠不滅である。それには大日如来の持つ五種の智慧とか、四種の身体が現実化されていて、上は仏の世界から、下は地獄に至るまで、あらゆる世界に欠けることなく等しく具わっている。

覚った者を大覚者すなわち仏と称し、迷っている者を衆生と名付けてはいるが、いずれも別個の存在ではない。ただ衆生は愚かであって、自身で覚りに向かおうとはしない。そこで如来が衆生に力を貸して、本来の真理のありかを示し、そこに帰らせるように仕向けられるのである。

その帰るべき大元《おおもと》とは、根源的な「コトバ」に基づき、さらにその真実なるものから分節化して現実世界の言葉や文字となった教えに他ならない。その根源的な「コトバ」に基づく教えを現実世界において認識対象として取り上げるためには、現実に用いられている声（言葉）と文字によらねばならない。逆にいえば、現実に用いられている声と文字の本質が明らかになってはじめて、ものごとの真実の姿が確実に見えてくるといえる。

いわゆる「声（言葉）ないし文字は真実そのものである（声字実相）」というのは、法身仏の身体と言葉と心の三密が互いに入り混じり一つになっている状態であり、生きとし生ける者が生まれながらにして持っている真理そのものなのである。そのため大日如来は、以上のような「声字実相」の意味を解き明かして、久しく迷いの暗闇の中でグッスリ眠り込んでいる生きとし生ける者たちを驚かせ、目覚めさせられるのである。一般の仏教であっても、密教であっても、もしくは宗教がどれほど異なっていても、あらゆる教えはこの密教の教えの枠内にあることは言うまでもない。

今、偉大なる師の御教えによって、以上のように声字実相についての見解を簡略に取りまとめた。後世、それらについて学ばんとする者は心を研ぎ澄まして、その意を余すところなく汲み取ってほしい。以上でこの論の大綱を述べ終わる。

【読み下し文】

初めに叙意と者《は》、夫《そ》れ如来の説法は必ず文字《もんじ》に藉《よ》る。文字の所在は六塵《ろくじん》其の体なり。六塵の本《もと》は法仏《ほうぶつ》の三密《さんみつ》即ち是《こ》れなり。平等の三密は法界《ほうかい》に遍《へん》じて常恒《じょうごう》なり。五智《ごち》四身《ししん》は十界《じっかい》に具《ぐ》して欠けたること無し。悟れる者を大覚《だいかく》と号《こう》し、迷える者を衆生《しゅじょう》と名づく。衆生痴暗《ちあん》にして自ら覚るに由《よし》無し。如来加持《かじ》して其の帰趣《きすう》を示したもう。帰趣の本は名教《みょうきょう》に非ざれば立《りつ》せず。名教の興《おこ》りは声字に非ざれば成《じょう》ぜず。声字分明《ふんみょう》にして実相顕《あら》わる。

所謂《いわゆる》声字実相と者、即ち是れ法仏平等の三密、衆生本有《ほんぬ》の曼荼《まんだ》なり。故に大日如来此の声字実相の義を説いて、彼の衆生長眠《じょうめん》の耳を驚かしたまう。若しは顕、若しは密、或いは内《ない》、或いは外《げ》、所有《しょう》の教法《きょうぼう》誰か此の門戸《もんこ》に由《よ》らざらん。今、大師の提撕《ていぜい》に憑《よ》って此の義を抽出《ちゅうしゅつ》す。後の学者尤も心を研ぎ意を遊《あそ》ばせん而已《まくのみ》。大意を叙《の》ぶること竟《おわ》んぬ。

【原漢文】

初ニ叙意ト者、夫レ如来ノ説法ハ必ス籍ル二文字一ニ。文字ノ所在ハ六塵其ノ体ナリ。六塵之本ハ法仏ノ三密即チ是レ也。平等ノ三密ハ遍シテ二法界一ニ而常恒ナリ。五智四身ハ具シテ二十界一ニ而無レ欠タルコト。悟レル者ヲ号シ二大覚一ト、迷ヘル者ヲ名ク二衆生一ト。衆生痴暗ニシテ無シレ由二自覚一ルニ。如来加持シテ示シ玉フ二其ノ帰趣一ヲ。帰趣之本ハ非レハ二名教一ニ不スレ立セ。名教之興リハ非レハ二声字一ニ不スレ成セ。声字分明ニシテ而実相顕ル。

所レル謂声字実相ト者、即チ是レ法仏平等之三密、衆生本有之曼荼也。故ニ大日如来説テ二此ノ声字実相之義一ヲ、驚シ玉フ二彼ノ衆生長眠之耳一ヲ。若ハ顕若ハ密或ハ内或ハ外、所有ノ教法誰カ不ンレ由ラ二此ノ門戸一ニ。今憑ヨテ二大師之提撕一ニ抽二出ス此ノ義一ヲ。後之学者尤モ研キレ心ヲ遊センレ意ヲ而已ノミ。叙ルコト二大意一ヲ竟ヌ。

【用語釈】

「叙意」「凡そ序に於いて帰敬、発起、大経、大意の四序ありと雖も、今の叙意とは大意の序なり」(【宥快・研心】四二六上)。

「文字」この場合の文字は、書かれた文字のみならず、言語と文字を含む広い意味を持つ。この点について伝統学者はほとんど関心を示さない。中にあって、宥快は興味ある解説を行っている。即ち「顕密内外の教法は文字を離れて之を説くこと有るべからず。故に必ず文字を藉りて釈する也」と説き、禅僧が文字無くして法を説くというが、彼は声塵説法の文字だけにこだわり、余塵の説法も文字を離れてあることを知らない。例えば手を挙げ指を指し、覚らせるのは色塵説法の文字である。また以心伝心というのは法塵の文字のことである。さらに『釈摩訶衍論』に説く浄名無言は文字を離れているようだけれども、それは四種の妄語を離れただけで、如義言説ではこれを用いる。若し又声塵の文字を離れたといっても法塵の文字に他ならないと反論している(【宥快・研心】四二九上)。

一方、近代学者の多くはこの点に関してあまり注意を払わない。中にあって【栂尾】

は「何らかの意味を外に表現する、広い意味の文字」（二一七）と細かい注意を払い、【高木・座標】は「社会通念としての記号文字を指さず、広く本源的な「コトバ」を指す」（二〇四）、【Hakeda】は「expressive symbol（表現された象徴）」（二三四）と理解し、通常の文字ではないことについて読者に注意を促している。

「六塵」　人間の六種の感覚器官（六根《ろっこん》ともいう）。すなわち眼（視覚）、耳（聴覚）、鼻（臭覚）、舌（味覚）、身（触覚）、意（思考）それぞれの機能の対象となる六境すなわち色（眼に見えるもの）、声（耳で聞こえるもの、音などを含む）、香（におい、かおり）、味（あじ）、触（触感）、法（考えられるもの）のこと。

「法仏」　法身仏のこと、具体性を持たず、抽象的な真理そのものを仏と見なす。一般の仏教（顕教）では説法しないが、密教では説法ありと見る。

「三密」　身体と言語と意識の三は、一般仏教では三種の業（働き）と見て三業《さんごう》というが、密教ではこれらすべてを仏のものと見なして、三密という。

「法界」　初期仏教では、意識の対象となるすべてのものごととされるが、大乗仏教の『華厳経』や密教では、それとは別にそれぞれ独自の解釈を示す。普通には宇宙と考えてよい。

「五智」 大日如来の完全な覚りの智慧を、五つの方面から見て、五種の具体的な智慧に分かち、それぞれを金剛界の五仏に配当する。すなわち法界体性智《ほうかいたいしょうち》（大日如来《だいにちにょらい》）、大円《だいえん》鏡智《きょうち》（阿閦如来《あしゅくにょらい》）、平等性智《びょうどうしょうち》（宝生如来《ほうしょうにょらい》）、妙観察智《みょうかんざっち》（阿弥陀如来《あみだにょらい》）、成所作智《じょうそさち》（不空《ふくう》成就如来《じょうじゅにょらい》）。五智それぞれの内容については、松長有慶『訳注 即身成仏義』五四頁参照。

「四身」 密教では、法身を四種に分かつ。すなわち自性身《じしょうしん》（絶対の真理を仏とする身体で、このままでは説法はない）、受用身《じゅゆうしん》（自性身を四方面に開き、大日如来の徳を阿閦如来以下の四如来に分けて現して説法する）、変化身《へんげしん》（具体的な姿をとり、歴史上の人物として現れる如来）、等流身《とうるしん》（人間や動植物など我々にとって身近な姿をとって現れる如来）である。

「十界」 迷える者も、覚れる者も、あらゆる存在状態を十種に分かつ。地獄、餓鬼、畜生、修羅、人間、天上、声聞、縁覚、菩薩、仏それぞれの世界。

「大覚」 覚った者をサンスクリット語で、buddha（仏陀）すなわち目ざめた者、真理を覚った者をいう。大覚とは偉大な覚者という意味で、仏を指す。

「衆生」　生きとし生きる者全体を指す。衆生は旧訳《くやく》で、玄奘以後の新訳では有情《うじょう》。

「加持」　何らかの特別な力を加えること。詳しくは『訳注　即身成仏義』五〇頁参照。

「名教」　伝統的な学匠は、この言葉にあまり注意を払っていない。というより、文字通りに注釈して、誤解を招くこともある。例えば「名教とは名句文中に且く名を挙げて句を顕す。正しく法理を詮ずるは名句にあり。名は自性を詮じ、句は差別を詮ずる故也」（【賢宝】二二五上）が代表であろう。現代の注釈者もそのほとんどが「すぐれた教え」と語をそのままに理解している。


一方、空海の著『文鏡秘府論《ぶんきょうひふろん》』の冒頭には、「名教」の語が二回、「名」という語が四回現れる。名教は、「夫れ大仙の物を利するや、名教を基と為し、君子の時を済うや文章は是れ本なり」、「文は則ち教の源なり、名教を以て宗と為せば、則ち文章は紀綱の要と為るなり」と用いられている（【定弘】六・三）。福永光司はこの書の冒頭の部分のみ訳注している（福永光司編『最澄　空海』中公バックス3、一九八三年）が、この「名教」に対する注（四八〇頁）において、この語を『晋書』阮膽伝よりの引用としながらも、この「名」を「言葉による教え」の意味に理解している。訳の部分（三〇三）でも、この意を踏襲し、この場合の「名」を言葉と受け止める。興膳宏（『文鏡秘府論』『弘法大師　空海全集』第五巻、筑摩書房、一九八六年、六―七頁）も同様に「名」に「ことば」の訳語を付している。加地伸行（『中国論理学史研究』研文出版、六三頁）は中国では六朝期より言語哲学の問題として名実論争が盛んにおこなわれたことに触れ「対象に対して、それを他と分別し、明晰にする行為として〈名〉が用いられる。この物（人を含む）に対して名づける行為（取意）」と述べている。

　さらに『文鏡秘府論』巻一・四声論（【定弘】六・二九）には、「名は実を離れず、実は名に遠からず。名実の相い憑ること理自ずから然り矣。故に声は物を逐いて以て名を立て、紐は声に因りて以て転注す」とある。

『声字義』の場合も、この箇所の「名」は、名声、名品などの「名」の「すぐれた」という意味より、「言葉」の意をもつ語と見るべきであろう。詳しくは本書の「『声字実相義』の全体像」一五頁参照。

「本有」　生まれつき所有すること。

「曼荼」　曼荼羅（サンスクリット語の maṇḍala）の省略形、本質的なものの意。

「長眠《じょうめん》」　凡夫が覚りに向かって修行しないで、長期間の眠りに陥っている状態。

「大師」　この大師に二義あり、「一義には教主法身を指す。一義に青龍和尚なり」【宥快・義鈔】（二一三上）、【宥快・研心】（四三四上）は両方の説を紹介している。「大師とは大日なり」の説【道範】（一二下）、【曇寂】（二七六下）と、青龍和尚即ち恵果説【周海】（三五六上）とに分かれる。現代の学者も両説に分かれる。ここではいずれとも断定せず、「偉大なる師」とする。

二　本論

1　本論の区分け

【現代表現】

次に本論では題名を釈し、内容を紹介する「釈名体義」の部分を二つに分ける。

最初は「声字実相」という題名を釈し、次に「声字実相」という言葉の内容について解説する。

【読み下し文】

次に釈名体義《しゃくみょうたいぎ》とは、此れに亦二つを分かつ。一つには釈名。二つには出《しゅつ》体義。

【原漢文】

次《ニ》釈名体義《トハ》、此《ニ》亦分《ツ》レ二《ヲ》。一《ニハ》釈名。二《ニハ》出体義。

2　題名の解釈

イ　声字実相の五字の釈

【要旨】

最初に、題名の「声字実相義」の五字を声と字と実相と義の四つに分けて、それぞれの意味を解釈する。その中で、声と字が「名」すなわちあらゆるものの本質の表現と繋がり、それが実相を表すという、本書の主題がまず提示されている。

【現代表現】

最初に、題名を釈す。

自身の出入息と外界の風気とが接触する気配が少しでも起こると、必ず響きを伴う。それを「声」という。響きは必ず声によって起こる。だから「声」は響きの本となるものである。ひとたび声が起こると、それは無駄になることはなく、必ずそれが物の

「名」すなわちその物の本質を現実化したものを表すことになる。それは声だけではなく「字」もまた物の本質を現実化している。このように物の名はかならずその物の本体すなわち本質と繋がる。それが実相である。声と字と実相、この三種は別々で、それぞれが区別されていることを義という。

【読み下し文】

初めに釈名と者《は》、内外《ないげ》の風気《ふうけ》纔《わず》かに発《おこ》って必ず響くを名づけて声《しょう》と曰う。響《こう》は必ず声に由《よ》る。声は則ち響の本《ほん》なり。声発って虚しからず。必ず物の名を表わすを、号《こう》して字と曰う。名は必ず体を招く。之を実相と名づく。声と字と実相と三種《さんじゅ》区《まちまち》に別れたるを義と名づく。

【原漢文】

初ニ釈名ト者、内外ノ風気纔ニ発テ必ス響クヲ名テ曰レフ声ト也。響ハ必ス由レル声ニ。声ハ則チ響之本也。声発《オコ》テ不《ス》レ虚カラ。必ス表ス二物ノ名ヲ一号シテ曰レフ字ト也。名ハ必ス招レク体ヲ。名二ク之ヲ実相一ト。声ト字ト実相ト三種区ニ別レタルヲ名レク義ト。

【用語釈】

「内外の風気」　二説あり。1「入息を内風と云い、出息を外風と云う」。2「有情の発する息を内風、器界の風を外風」（【宥快・研心】四三六上）、「今の意は咽胸の中の風気と外の風気」（【宥快・義鈔】二一四上）。古代の学匠、近代の研究者は両説に分かれる。【小田】（一六五）は「内外の風を有情、非情に分けるのはよくない」という。ただ【高木・座標】（二〇六）は「内外とは、自分自身とそれを取り巻く環境世間を指す」と述べ、空海が広智禅師に贈った「詠十喩詩」における「詠響喩」の「口中、峡谷、空室の裏、風気相い撃って声響起こる云々」（【定弘】八・二〇九）を典拠として挙げる。

「字」　字について、本文では詳しい説明がないが、【長谷】（二三九）は「内外の風気、五処三内を経て正しく音響を発するを声と名づけ、其の声の上に上下長短文位差別あるを字と名づく」という。声を発するにあたり、各々の声に長短や清濁等の区別をつけて物の名を表すことを字とみなしている。

口　声、字、実相、義を個々に釈し、六合釈を用い、五字を合わせ釈す

【要旨】

先にいのちのある者の発する声が、物の本質と繋がるというテーマを掲げ、ついでいのちのない物が発する声と音について、五種の音階、八種の音曲を示し、サンスクリット語の文法の中の名詞等の八格の変化を取り出し、声、字、実相、義の相互関係に触れる。あわせて声と文字が、世界の実相と繋がることを重ねて述べる。

【現代表現】

また、地・水・火・風の四大、つまりいのちを持たない物が触れ合うと必ず応じあうことをも、声という。

五種の音階すなわち宮《きゅう》・商《しょう》・角《かく》・徴《ち》・羽《う》とか、八種の音曲すなわち金《きん》（鐘《かね》）・石《せき》（磬《けい》）・糸《し》（瑟琴《きんしつ》）・竹《ちく》（簫《しょう》、笛《ふえ》）・匏《ほう》（笙《しょう》）・土《ど》（塤《けん》）・革《かく》（鼓《こ》）・木《もく》（柷《しゅく》）、さらにサンスクリット語文典の主《しゅ》・業《ごう》・具《ぐ》・為《い》・従《じゅう》・属《ぞく》・於《お》の七格の七例と、それに呼《こ》格を加えた八転《はってん》

声《じょう》等々はみな声があってはじめて機能する。声が名、すなわち根源的なコトバを現実化するためには、必ず文字による。そもそも文字が起こるその大元《おおもと》は、六種の感覚器官の対象となる色・声・香・味・触・法である。六塵の文字については以下に解説する。「声字実相」という語を理解するために、次にインドの文典学の六離合釈《りくりがっしゃく》の規定に従って解釈を試みる。

1　依主釈《えしゅしゃく》　まず「声字」の二語については、声によって字がある。この場合は声の字である。したがって声が主となり、字は従である。「声字実相」については、実相は声字によって顕れる、つまり声字が主で、その声字の実相ということになる。つまり声字によってしか実相は顕れないとすれば、それは浅略釈である。しかし声字が顕すもの以外に実相は存在しないという意味にとれば、深秘釈ともなる。

2　有財釈《うざいしゃく》　「声字」について、声は必ず字を所有し伴うとすれば、声は所有する主体、字は所有される客体となり、この声がよく字という財を所有するところから、有財釈の名がある。「声字実相」についていえば、声字は必ず実相を伴う、また実相は必ず声字を伴う、声字と実相は互いに主となり、客となるといえば、やはり有財釈になる。これは浅深両釈に通じる。

3　持業釈《じごっしゃく》　「声字」について、声のほかに字はない、字はすなわち声であるといえば、この二語は同格であり、持業釈となる。「声字実相」について、声字のほかに実相はない、声字がすなわち実相だといえば、同じく持業釈となる。この点については、『大日経疏』第七（【大正】三九・六五一中）に詳しく説かれているので、参照してほしい。声字は実相を表す手段ではなく、実相そのものに他ならない。したがってこの釈は深秘釈といえる。

4　隣近釈《りんごんしゃく》　声と字と実相のこれら三語が極めて近い関係にあり、まったく別々ではないといえば、いずれも隣近釈の名がつけられる（ただしこの理解は中国の解釈によるもので、インドの理解とは異なる、と【栂尾】（二二二・注4）は断っている。声と字と実相は別々のものではなく本来的に一体のものである、という点において空海はそれを深秘釈とみなしている）。

5　相違釈《そういしゃく》　声字は仮のもので、真理に基づくものではない。それに対して実相は、極めて奥深く静寂で、名をつけるような現実存在からかけ離れている。このように見れば、声字と実相は全く異なるものである。また声はむなしく響くだけで、真理を顕さない。それに反して字は上下とか長短があって、意味を持つ文を作っている。この点では声と字は全く違っていて、これを相違釈という。浅略釈とされる。

6　帯数釈《たいすうしゃく》はこの場合は欠けていて存在しない

以上のようにこれら五種の釈の中で、相違釈は浅略釈にあたり、持業釈と隣近釈は深秘釈によって釈される。その他の二釈（依主釈と有財釈）は浅略と深秘の両釈に共通している。

【読み下し文】

又、四大相触れて音響必ず応ずるを名づけて声と曰うなり。

五音八音七例八転《ごいんはっちんしちれいはってん》、皆悉く声を待って起こる。声の名を詮《せん》ずること必ず文字《もんじ》に由る。

文字の起りは本《もと》之れ六塵《ろくじん》なり。六塵の文字は下《しも》に釈するが如し。

若し六離合釈《りくりがっしゃく》に約せば、声に由りて字有り。字は則ち声の字なり。依主《えしゅ》に名を得《う》。

若し実相は声字に由って顕わる、則ち声字が実相なりと謂わば、亦た依主に名を得。

若し声には必ず字を有《う》す、声は則ち能有《のうう》、字は則ち所有《しょう》、能く字の財を有すと謂わば、則ち有財《うざい》に名を得。声字は必ず実相を有し、実相は必ず声字を有し、互相《たがい》に能所《のうしょ》たりといわば、則ち名を得ること上の如し。

若し声の外に字無し、字則ち声なりと言わば、持業釈《じごっしゃく》なり。若し声字の外に実相無し、声字則ち実相なりと言わば、亦た上の名の如し。此の義は、『大日経疏』の中に具に説けり。文《もん》に臨んで知んぬべし。

若し声と字と実相と極めて相い迫近《はくごん》にして避遠《ひおん》なることを得ずと謂《い》わば、并《ならび》に隣近に名を得。

若し声字は仮にして、理に及ばず。実相は幽寂《ゆうじゃく》にして名を絶すと謂《い》わば、声字と実相とは異なり、声は空しく響いて詮ずること無し。字は上下長短《ちょうたん》にして文を為す。声と字と異なれば、并に相違に名を立つ。

帯数は欠けて無し。

上の如くの五種の名の中に相違は浅略に約して釈し、持業《じごう》・隣近《りんごん》は深秘に據って釈し、余の二つは二つの釈に通ず。

【原漢文】

又四大相ヒ触レテ音響必ス応スルヲ名テ曰レフ声ト也。五音《イン》八音《チン》七例八転皆悉ク待レテ声ヲ起ル。声之詮レスルコト名ヲ必ス由ニル文字一ニ。文字之起リハ本《モト》之レ六塵ナリ。六塵ノ文字ハ如ニシ下ニ釈一スルカ。

若シ約ニセハ六離合釈一ニ、由レテ声ニ有リレ字。字ハ則チ声之字ナリ。依主ニ得《ウ》レ名ヲ。若シ謂《イ》下ハハ実相ハ由ニテ声字一ニ顕ル、則チ声字カ之実相上ナリト、亦依主ニ得レ名ヲ。若シ謂《イ》三ハハ声ニハ必ス有レスル字ヲ、声ハ則チ能有、字ハ則チ所有、能ク有ニスト字ノ財一ヲ、則チ有財ニ得レ名ヲ。声字ハ必ス有ニシ実相一ヲ、実相ハ必ス有ニシ声字一ヲ互相ニ能所タリトイハハ、則チ得レルコト名ヲ如レシ上ノ。

若シ言ニハハ声ノ外ニ無レシ字、字則チ声一ナリト持業釈ナリ。若シ言《イ》下ハハ声字ノ外ニ無ニシ実相一、声字則チ実相上ナリト亦タ如ニシ上ノ名一ノ。此ノ義ハ大日経疏ノ中ニ具サニ説ケリ。臨レテ文ニ可レシ知ヌ。

若シ遵《イ》三ハハ声ト字ト実相ト極メテ相ヒ迫近ニシテ不レト得ニ避遠一ナルコトヲ、并ニ隣近ニ得《ウ》レ名ヲ。
若シ遣《イ》ハハ下声字ハ仮ニシテ而不レ及ハ理ニ。実相ハ幽寂ニシテ而絶上レスト名ヲ、声字ト与二
実相一異ナリ、声ハ空ク響テ而無レシ詮スルコト。字ハ上下長短ニシテ而為《ナ》レス文ヲ。声ト
将トレ字異ナレハ、并ニ相違ニ立レツ名ヲ。
帯数ハ欠ケテ無シ。
如レクノ上ノ五種ノ名ノ中ニ相違ハ約二シテ浅略一ニ釈シ、持業隣近ハ拠二テ深秘一ニ釈シ、
余ノ二ハ通二ス二ノ釈一ニ。

【用語釈】

「六離合釈」　サンスクリット語で名詞の合成語を解釈する場合に、六種の規定がある(sat-samāsa)。それを中国や日本において、六離合釈あるいは六合釈と呼びならわしてきた。その名と内容はインドの用例から見れば次の通りである。ただしインド固有の用語と、中国・日本での用語の内容にはかなり相違があり、必ずしも一致しない。日本の伝統的な注釈書は、いろいろ説明を重ねているが、いずれもあまり明快ではない。

〈相違釈《そういしゃく》〉（dvandva）複数の名詞を対等の関係で並列する。（例）山川草木。

〈依主釈《えしゅしゃく》〉（tatpuruṣa）名詞あるいは名詞の働きをする言葉が先で、後の語を限定する。

（例）体温、山寺。

〈持業釈《じごっしゃく》〉（karmadhāraya）前語が後語に対して形容詞、副詞、同格名詞の関係。

（例）高山、大乗。

〈帯数釈《たいすうしゃく》〉（dvigu）前語が数詞からなる複合語。（例）四諦、八正道。

〈有財釈《うざいしゃく》〉（bahuvrīhi）複合詞全体が形容詞の働きをする。（例）高山病、山岳部。

〈隣近釈《りんごんしゃく》〉（avyayībhāva）前語が副詞あるいは関係詞等の不変語。（例）毎日、各自。

3　内容の解説

【要旨】

声字実相という大胆な主張の論拠を、『大日経』の中に求める。それは具縁品第二の頌の一節からの引用である。この箇所は、善無畏《ぜんむい》・一行《いちぎょう》訳の漢訳文と、サンスクリット文により近いチベット訳と比較すると、かなり内容に相違が存在する。チベット語訳を試訳すれば「仏菩薩の真言は、（仏部、蓮華部、金剛部など）の言葉と、（尊の）名前とか、それぞれの尊と真言との間の語の決まりとかでもって表示されたもので、その言葉は自在であるから、一切の諸真言の意味は完璧である」（服部融泰編『蔵文大日経』一九三一年、飯能市、観音寺、八九頁）となる。

経典の引用文そのままでは、直接的な証拠文献とはならない。この引用文自体のインドにおける理解は、チベット訳経典並びにその注釈書から見れば、前述の如く真言一般の内容を解説する箇所に相当する。善無畏・一行による漢訳はかなり原文を離れた翻訳であるが、空海はその乖離した点を目ざとく見つけ出し、さらに独自の解釈を加え、声字実相の理論的な典拠と見做してしまう。その鮮やかな手法には感嘆する他はない。

イ　声字実相という思想の典拠

【現代表現】

本論の中で、内容をさらに二つの部分に分けて、初めにその典拠を明らかにし、後にその意味について説明する。

初めにその典拠を明らかにするために、問答の形で叙述する。

問う。今どのような経典を典拠にして、声字実相という新しい思想を立ち上げられたのでしょうか。

答える。『大日経』の具縁品（【大正】一八・九下）に、その点について述べている確かな証拠がある。

（問う。）ではその経典には、どのように説かれているのでしょうか。

（答える。）その経典には、法身・大日如来が次のような偈頌を説いておられる。

「仏・菩薩の真言の中で、言（一字の真言）と、名（二字の真言）と、成立（三字以上の真言）の内容は、帝釈天《たいしゃくてん》の『声明論《しょうみょうろん》』の中で説かれており、あらゆる点において論理的な整合性と利益にもかなっている。

祈願の目的によっては、真言に増加の句を加えて唱えなければならない。その時には、真言の中の本名と、行法とを合致させる必要がある。」


【書き下し文】

ご購読ありがとうございます。このカードは、小社の今後の出版企画および読者の皆
のご連絡に役立てたいと思いますので、ご記入の上お送り下さい。

〈本のタイトル〉※必ずご記入下さい

●お買い上げ書店名(　　　　地区　　　　書店

●本書に関するご感想、小社刊行物についてのご意見

※上記感想をホームページなどでご紹介させていただく場合があります。(諾・否

●購読新聞	●本書を何でお知りになりましたか	●お買い求めになった動機
1. 朝日 2. 読売 3. 日経 4. 毎日 5. その他 (　　　　)	1. 書店で見て 2. 新聞の広告で (1)朝日 (2)読売 (3)日経 (4)その他 3. 書評で (　　　　紙・誌) 4. 人にすすめられて 5. その他	1. 著者のファン 2. テーマにひかれて 3. 装丁が良い 4. 帯の文章を読んで 5. その他 (

●内容	●定価	●装丁
□満足 □普通 □不満足	□安い □普通 □高い	□良い □普通 □悪

●最近読んで面白かった本　(著者)　　　　(出版社)

(書名)

㈱春秋社　電話 03-3255-9611　FAX 03-3253-1384　振替 00180-6-2
E-mail:aidokusha@shunjusha.co.jp

郵便はがき

101-0021

お手数ですが切手をお貼りください

千代田区外神田
二丁目十八―六

春秋社

愛読者カード係

りいただいた個人情報は、書籍の発送および小社のマーケティングに利用させていただきます。

ガナ) 名前	(男・女)	歳	ご職業
住所 〒			
nail		電話	

新規注文書 ↓(本を新たに注文する場合のみご記入下さい。)

注文方法 □書店で受け取り □直送(代金先払い) 担当よりご連絡いたします。

地区	書名		冊
			冊
の欄は小社で記入します			冊
			冊

二つに体義を釈するに、又二つあり。初めには証を引き、後には之を釈す。

初めに証を引くと者、問って曰く。今何《いず》れの経に依って此の義を成立《じょうりゅう》する。

答《と》う。大日経に明鑒《みょうかん》有るに據《よ》る。

彼の経に何《いか》んが説く。

其の経に法身如来《ほっしんにょらい》、偈頌《げじゅ》を説いて曰く。

等正覚《とうしょうがく》の真言の　言《ごん》と名《みょう》と成立《じょうりゅう》との相は、

因陀羅《いんだら》宗の如くして、　諸《もろもろ》の義利成就せり。

#増加《ぞうか》の法句《ほっく》有り、　本名と行と相応すべし。

#　【弘全】は、「増加の法句と　本名行相応と有り」と記す。【小田】（一八一）はこの読みに随う。「増加の法句と本名行相応」との読み方【定弘】に随えば、いかなる場合もすべて増加の句を用いることになり、『大日経疏』の釈にも背くからという。

【原漢文】

二ニ釈二スルニ体義一ヲ又二ツアリ。初ニハ引レキ証ヲ、後ニハ釈レス之ヲ。

初ニ引レクト証ヲ者、問テ曰ク。今依二テ何レノ経一ニ成二立スル此ノ義一ヲ。
答フ。據三ル大日経ニ有二ルニ明鑒一。
彼ノ経ニ何ンカ説ク。
其ノ経ニ法身如来説二テ偈頌一ヲ曰ク。

等正覚ノ真言ノ　言ト名ト成立トノ相ハ
如二シテ因陀羅宗一ノ　諸ノ義利成就セリ
有二リ増加ノ法句一　本名ト行ト相応スヘシ

【用語釈】

「明鑒」　鑒は鑑と同義で、証拠に照らすこと。明らかな証拠の意味。

「等正覚」　サンスクリット語の saṃyaksaṃbodhi（真実の覚り）の訳で、それに「者」をつけて通常は仏を指す言葉であるが、伝統説ではこの場合は真言に関係するため、菩薩を含むと見られている（【宥快・研心】四五二、【小田】一七八）。

「言名成立」　この偈頌全体の理解は漢訳と、サンスクリット語を比較的忠実に翻訳したといわれるチベット語訳の内容とでは大幅に相違する。その理由はインドと中国における言語観の相違に基づく。ここでは現代表現に際して、一応、伝統的な漢訳の理解、つまり善無畏訳の『大日経疏』（【大正】三九・六四九下）と空海著の『金剛頂経開題』（【定弘】四・七五）の説に従った。

「因陀羅」　サンスクリット名 Indra、インド古来の武勇神で、仏教に入って帝釈天《たいしゃくてん》となる。伝説では因陀羅天が、詳しい文法書を撰述したといわれる。

「義利」　理論と利益の両面を具える。

「増加の法句」　修法目的によって、真言の前後に付加句を添える。たとえば息災法には、「センジキヤ」、増益法には、「ホシュチキャ」を加える等である。

この一偈半の偈頌の前半の一頌を通相、後半の半頌を別相という（【宥快・研心】四五二下）。「通相の真言は仏菩薩の真言にして、一字一字に無辺の義を含み、因陀羅宗の如し。別相は仏部蓮華部金剛部の三部の真言あり、又息災増益敬愛降伏摂召の五部の真言あり、是れを本名行相応と云うなり」（【道範】一五下）。「別相には実際の真言の内容と三部乃至五部の配当との間に齟齬する場合もあることもこれに当たる（取意）」（【頼瑜】

六三上下）。これらについては様々な意見があり、的確な理解はなされていないようである。

以上のような諸説に対して、この増加の二句・半偈すなわち別相は必ずしも必要ではないとの説があり（【栂尾】二二四　頭注③）、筆者も同意見。

一方では、『声字義』に、空海の本意でない多くの付加文が存在すると見て、頌文以外の文を大幅に削除する意見も出ている（【竹内】二一九―二二〇）。そこではこの増加の句の別相が残されているが、むしろこれを先ず削除してよいのではなかろうか。

ロ　引用した頌の一般的な意味と奥深い意味

【現代表現】

問う。この『大日経』から引用した頌は、どのような意味を説いているのでしょうか。

答える。それには一般的な見方に基づいた表面的な解釈と、一字一句の中に潜む奥深い意味を探った密教独自の解釈との両様がある。

この句についての顕教《けんぎょう》の人々が抱く表面的な解釈は、『大日経疏』（【大正】三九・六四九下）に記載されているので、それを参考にしてほしい。

一方、密教的な解釈の中でも、縦から見るか、横から見るか、表面的に見るか、本質的な見方をするか等々によって、様々な見解が生まれる。その意味で、頌の中で喩えを用いて「因陀羅宗の如く諸々の義利が成就する」と説かれているのであるが、その中の「因陀羅」という言葉にも、顕教的な意味と、密教的な意味とが含まれている。顕教ではそれは帝釈天の異名とされる。したがって「諸々の義利が成就す」ということは、帝釈天ご自身がサンスクリット文典を著作され、その中で一言の中に多くの意味を含めておられることである。そのためにここでそれを引用して証拠として挙げたまでである。世間一般の智慧に基づくものでも、これほどの深い意味を持つ。ましてや如来がお説きになった教えが、どれほど世俗のあらゆる束縛に捉われることなく、自由自在な境地を示したものであるか、計り知れないものがあろう。

【読み下し文】

問う。此の頌は何の義をか顕わす。

答う。此れに顕密二つの意《こころ》有り。顕の句義と者、疏家《しょけ》の釈の如し。
密の義の中に又重重の横竪《おうしゅ》の深意《じんに》有り。故に頌の中に喩《たとえ》を引いて「如因陀羅宗諸義利成就」と説く。「因陀羅」と者、亦顕密の義を具す。顕の義に云く。帝釈の異名《いみょう》なり。「諸義利成就」と者、天帝《だい》自から声論《しょうろん》を造り、能く一言に於いて具に衆義を含《がん》ず。故に引いて以って証と為す。世間の智慧すら猶尚《なおしかく》此の如し。何《いか》に況《いわん》や如来の法に於いて自在なるをや。

【原漢文】

問フ。此ノ頌ハ顕ス二何ノ義ヲカ一。

答フ。此ニ有リ二顕密二ツノ意ロ一。顕ノ句義ト者如シ二疏家ノ釈ノ一。密ノ義ノ中ニ又有リ二重重ノ横竪ノ深意一。故ニ頌ノ中ニ引テレ喩ヲ説ク二如因陀羅宗諸義利成就ト一。因陀羅ト者亦具ス二顕密ノ義ヲ一。顕ノ義ニ云ク。帝釈ノ異名ナリ。諸義利成就ト者天帝自造リ二声論ヲ一、能ク於テ二一言ニ一具サニ含ス二衆義ヲ一。故ニ引テ以テ為スレ証ト。世間ノ智慧スラ猶尚《ナホシ》如シレ此ノ。何ニ況ヤ如来ノ於テレ法ニ自在ナルヲヤ耶。

【用語釈】

「疏家」『大日経疏』の専門研究者、すなわちその翻訳者である善無畏ないし一行を指す。

「横竪」横は平等つまり一般的な理解の面、竪は差別つまり特色を持つ面をいう。

「声論」声明論、サンスクリット語の文法論をいう。

ハ　引用した頌の密教的な意味

【現代表現】

もしこの頌に対して、秘密の奥深い解釈をするとすれば、一語からなる言葉（言）、また二語構成の言葉（名）、さらに三語構成以上の句（成立）などこれら言葉の一つ一つに、それぞれ数限りない深い意味が具わっている。諸仏諸菩薩がその身体から無量の雲をわき起こして、過去現在未来の三世において、とどまることなく一つ一つの言葉の意味を解き明かしても、どうしても説きつくすことが出来ない。凡夫であればなおさらのことである。だからここでは、この頌についてほんの少しばかりの解釈を述べるに止めおく。

頌の最初に「等正覚」というのは、時間と空間を超越した法身仏の身密に当たる。この身密はその数が限りない。このことについては、『即身義』の中で説明したとおりである。ここで身密というのは「実相」に他ならない。

次に「真言」とは、これは「声」のことである。声は語密に当たる。

次に「言と名」、これは字のことである。言葉があって、二語構成の言葉すなわち名が存在する。この名とは「字」のことである。このように解釈すると、以上に引用した一頌の中に、「声字実相」がすべて収められていることになる。

もし一頌の中だけではなく、もう少し広く経典全体の中に、その典拠を求める一例として『大日経』全体を取り上げて、同じような解釈を加えてみよう。

『大日経』の中に広く説かれている諸尊の真言は、「声」である。『大日経』の中で説かれている阿字門等の諸々の字門、および字輪品等に説かれる色々な字輪門は、「字」である。無相品およびその他の品の中で諸尊の相貌について説く文、これらはみな「実相」に当たる。

また一字についても同様のことを述べれば、口を開いて息を吐く時に、阿という声が出る。この阿という字はサンスクリット語の最初の文字すなわち字母であり、これがすなわち「声」である。この阿の声は何の名を呼ぶかといえば、法身の本源的なコトバと繋がる「字」を表している。すなわちこれが「声字」である。法身はどういう意味を表すかといえば、いわゆる法身とは、一切の存在がすべて本来的に生とか滅を繰り返すものではない（本不生《ほんぷしょう》）という意味を持つ。これが「実相」である。

【読み下し文】

若し秘密の釈を作さば、一一の言、一一の名、一一の成立に、各《おのおの》能く無辺の義理を具す。諸仏菩薩無量の身雲《しんうん》を起《おこ》して三世に常に一一の字義を説きたまうとも、猶尚《なお》し尽くすこと能わず。何《いか》に況《いわん》や凡夫をや。今且《しばら》く一隅を示す耳《のみ》。

頌の初めに「等正覚」と者、平等法仏の身密是れなり。此れ是の身密其の数無量なり。

『即身義』の中に釈するが如し。此の身密は則ち実相なり。

次に「真言」と者、則ち是れ声なり。声は則ち語密なり。

次に「言名」と者、即ち是れ字なり。言《ごん》に因《よ》って名顕わる。名は即ち字なるが故に、是れ則ち一偈の中に声字実相#有りまくのみ。

若し一部の中に約して斯の義を顕わさば、且《しばら》く『大日経』に就いて釈す。此の経の中に説く所の諸尊の真言は即ち是れ声なり。阿字門等の諸字門及び字輪品《じりんぼん》等は即ち是れ字なり。無相品《むそうぼん》及び諸尊の相を説く文は並びに是れ実相なり。

復た次に一字の中に約して此の義を釈せば、且く梵本の初めの阿字は口を開いて呼ぶ時に阿の声有り。即ち是れ声なり。阿の声は##何の名をか呼ぶ。法身の名字を表す。則ち是れ声字なり。法身は###何の義か有る。所謂法身と者、諸法本不生の義、即ち是れ実相なり。

【弘全】東寺本、仁和寺本には「有」欠。その場合は「一偈の中の声字実相なりまくのみ」と読む。

【定弘】「何」は、梵字の「अ」。したがってここは「阿の声はअの名を呼んで法身

の名字を表わす」と読む。

【定弘】「法身に𑖀の義有り。所謂法身とは諸法本不生の義」と梵字の「𑖀」字と漢字の「何」字との混同がある。

【原漢文】

若シ作サハ二秘密ノ釈ヲ一者、一一ノ言一一ノ名一一ノ成立ニ各能ク具ス二無辺ノ義理ヲ一。諸仏菩薩起シテ二無量ノ身雲ヲ一三世ニ常ニ説キ玉フトモ二一一ノ字義ヲ一、猶尚シ不レ能ハレ尽スコト、何ニ況ヤ凡夫ヲヤ乎。今且ク示ス二一隅ヲ一耳《ノミ》。頌ノ初ニ等正覚ト者平等法仏之身密是レ也。此レ是ノ身密其ノ数無量ナリ。如シ二即身義ノ中ニ釈スルカ一。此ノ身密ハ則チ実相也。次ニ真言ト者則チ是レ声ナリ。声ハ則チ語密ナリ。次ニ言名ト者即チ是レ字也。因テレ言ニ名顕ル。名ハ即チ字ナルカ故ニ、是レ則チ一偈ノ中ニ有リ二声字実相一而已《ノミ》。若シ約シテ二一部ノ中ニ一顕サハ二斯ノ義ヲ一、且ク就テ二大日経ニ一釈ス。

此ノ経ノ中ニ所レ説ク諸尊ノ真言ハ即チ是レ声也。阿字門等ノ諸字門及ヒ字輪品等ハ即チ是レ字ナリ。無相品及ヒ説ク二諸尊ノ相ヲ一文ハ並ニ是レ実相ナリ。復次ニ約シテ二一字ノ中ニ一釈セハ二此ノ義ヲ一者、且ク梵本ノ初ノ阿字ハ開テレ口ヲ呼フ時ニ有リ二阿ノ声一。即チ是レ声ナリ。阿ノ声ハ呼フ二何ノ名ヲカ一。表ス二法身ノ名字ヲ一。即チ是レ声字也。法身ハ有ル二何ノ義カ一。所ルレ謂法身ト者、諸法本不生ノ義、即チ是レ実相ナリ。

【用語釈】

「即身義の中に釈する」「身とは我身仏身衆生身是れを身と名づく。又四種身有り、言く。自性受用変化等流是れを名づけて身と曰う。字印形是れなり。是の如き等の身は縦横重々にして、鏡中の影像投光の渉入するが如し。彼の身は即ち是れ此の身なり。此の身は是れ彼の身なり。仏身即ち是れ衆生身、衆生身は即ち是れ仏身なり。不同にして同也。不異にして異なり。今この文を指す」（【頼瑜】三四八下、【宥快・義鈔】二一二上）もほぼ同様の理解を示している。ここで『即身義』を強いて引用する必要性があるかどうかは検討する必要があるが、ひとまず伝統説の代表を挙げた。

「阿字門」　サンスクリット語の阿字はサンスクリット語の語順の最初の字。

「諸法本不生」　本不生は、サンスクリット語の anutpāda の漢訳。諸法すなわち現世における あらゆる存在は、もともと生とか滅とかといった転変を繰り返さない本源的な存在であるということ。


【補注】　この『大日経』の具縁品よりの引用文の理解が、漢訳文献を通しての場合と、サンスクリット語に比較的忠実に翻訳したチベット語訳とでは、内容に著しい相違が認められる。本書では空海の理解を中心に探るために、上述のような解釈を示したが、参考のために、この箇所のチベット語訳（服部融泰編『蔵文大日経』、八九頁）からの拙訳と、それに対するブッダグヒヤの注釈（東北 no. 2663, fol.335a）の要点を掲げる。

「等正覚の真言は言と、名と、語の決まり（saṃketa）によって表示する。

その言葉は自在に使われているから、一切の諸真言の意味は完璧である。」

ブッダグヒヤは、この偈頌の前半部を、「jina jik 等の言葉を述べて、諸仏の名を表示し、諸仏の真言としたものである」と注釈する。śanta kuru（息災なれかし）の真言により本尊の功徳を示し、jina jik（勝者よ）等により本尊の名を表し、hūṃ phaṭ は忿怒尊に特有で、これら語の決まりによってどのような仏菩薩の真言かが分かる。それとともにそれぞれの仏菩薩明王などの覚りの境地をも示すものと理解される。

漢訳の「言、名、成立」を中国では、真言の語の数の相違と見るに対して、インド人であるブッダグヒヤは真言を代表する言語の性格の相違と理解する。

漢訳の「因陀羅宗の如く」の訳語も、チベット語訳から還元した「自在に使われている」とは理解が異なる。『大日経疏』では、因陀羅を帝釈天の異名と見て、帝釈天が自ら『声明論』を造り、一言中に多くの意味を含ませたと解釈している。それに対してブッダグヒヤは、大自在天の三摩地つまり覚りの内容を示すものと見る。この問題についての詳論は、拙稿「言名成立考」（『密教学研究』三六、一一一四頁）を参照されたい。

4　声字実相の内容

【要旨】

声字実相という新しい主張の典拠として、先に『大日経』の具縁品からの引用文を提示したが、さらに自作と見なされる四句からなる一頌を挙げ、説明を加えて独自の説を展開する。

イ　頌の提示

【現代表現】

（問う。）すでに経典による論拠については承りました。その内容について聞かせてください。

（答える。）頌に次のように述べられている。

「五大はすべて仏の声や響きを具え持つ。十界のいたるところに仏の言葉が潜む。存在するもの悉くそのまま仏の文字であり、仏の御身は真理そのものに他ならない。」

次にこの頌の文を四つに分けて、説明を加える。

最初の一句は声の体性について述べ、頌の次の句は文字が真か妄かについて論じ、三句目は内のいのちの無い五塵と、外のいのちを持つ法塵がすべて文字に他ならずと説き、四句目に実相とは何かを究め尽す。

【読み下し文】

已に経証《きょうしょう》を聞きつ。請う。其の体義を釈せよ。頌に曰く。

五大《ごだい》に皆響き有り。#十界《じっかい》に言語《ごんご》を具す。

##六塵《ろくじん》悉く文字《もんじ》なり。法身は是れ実相なり。

釈して曰く。頌の文を四《よ》つに分つ。初めの一句は声《しょう》の体を竭《つく》す。次の頌は真妄《しんもう》の文字《もんじ》を極む。三《みっ》には内外《ないげ》の文字を尽す。四《よっ》は実相を窮《きわ》む。

「十界は具には言語なり」との独自の読み方も提示されている（【高木・還源】一五九頁）。ただし、英訳には採用されていない（【高木・ドライト】九三頁）。

【弘全】によったが、【定弘】、【中川】は「六塵に悉く文字あり」と読む。二通りの読みについては本書九八頁参照。

【原漢文】

已ニ聞二ツ経証一ヲ。請フ。釈二セヨ其ノ体義一ヲ。頌ニ曰ク。

五大ニ皆有レリ響。　十界ニ具二ス言語一ヲ。

六塵悉ク文字ナリ。　法身ハ是レ実相ナリ。

釈シテ曰ク。頌ノ文ヲ分レツ四ニ。初ノ一句ハ竭二ス声ノ体一ヲ。次ノ頌ハ極二ム真妄ノ文字一ヲ。三ニハ尽二ス内外ノ文字一ヲ。四ハ窮二ム実相一ヲ。

【用語釈】

「五大」　あらゆる宇宙的な存在の中で、地・水・火・風・空が象徴する五種類の物質的な側面。それに識大を加えた六大については、『即身義』に詳しい（拙著『訳注　即身成仏義』四六―四八頁参照）。

ただ『即身義』において六大を説くのに、『声字義』では、五大とするのはなぜか、について、宥快は「一義に云く。万法は皆六大の所生なれども、色法の能生は五大を面とし、心法の能生は第六の識大を面とする。今の声塵は是れ色法なり。故に先ず五大を挙ぐる也」あるいは「一義に云く。五輪即ち是れ五智輪なる故に、第六の識大は前の五大に遍在する故に別に之を挙げざる也」（【宥快・義鈔】二二四上）などの説を取り挙げ、会通している。なお本書二二頁、「『声字実相義』の全体像」も併せて参照してほしい。

さらにまた、先に「四大相触れて音響必ず応ずるを」の文（【定弘】三・三六）あり、声の問題を四大種と関連して述べることは大乗小乗では通常の決まりである。空大には響きがないにもかかわらず、ここで五大に響きありと主張する根拠は、という質問に、次のように答えている。「五大は声の所作する処である。空大に所依の義がないはずがない。大日経或いは諸儀軌に空谷の響くという文がある。また顕教では四大から物が生じるというが、密教では六大を能造体とするから問題がない」と、【頼瑜】（三五〇下）は答えを出している。

「十界」　仏・菩薩・縁覚・声聞・天・人・阿修羅・傍生《ぼうじょう》（畜生）・餓鬼・捺落迦《ならく》（地獄）それぞれの世界。

「六塵」　六境ともいわれる。眼・耳・鼻・舌・身・意の六種の感覚器官すなわち六根の対象となる色《しき》・声《しょう》・香《こう》・味《み》・触《そく》・法《ほう》の六種の対象物は、これらに執着すると、いずれも修行の妨げになるために、六種の塵という名がつけられている。

「法身」　法すなわち真理そのものを身体としてもつ仏。

「内外の文字」　このうち内と外について二説あることを【宥快・研心】（四九八下—四九九上）は指摘している。一は、色声香味触の五塵を外塵、法塵を内塵と見る説、二は、内色は有情、すなわちいのちある者、外色は器界、すなわちいのちのない非情を指す。【頼瑜】（八〇上）を始め多くの学匠は、内は有情、外は非情と理解している。【道範】（一八下）は「内外とは有情非情なり。六塵の中に前五塵は非情なり。第六の法塵は心法あるが故に有情なり」と両説を折衷する。【賢宝】（四三上）、【曇寂】（二九八下）も同様。【宥快・研心】（四九九上）はまた「御釈は依正を内外に分別し、今は六塵を内外に分別したまう。内外の分別処に随って不同なりと意得べき也」と断っている。【栂尾】（二二八）、【頼富】（二六〇）、【北尾】（一五六）は一の説に従う。一方、二の説を【小田】（一九一）は以下の正報と依報の分け方と軌を一にするために取り上げる。【Hakeda】（二四〇）、【高木・ドライト】（九三）も二の説を取る。その他の現代語訳者は、そのまま内外の文字と記しそれにさほど注意を払っていない。

【現代表現】

頌の最初の句における、五大とは、一に地大、二に水大、三に火大、四に風大、五に空大のことである。この五大には、顕教的な見方と、密教的な見方と、二通りある。顕教的な見方は、常識的に言われているような五種の物質的な要素との理解である。一方、密教的な見方によれば、五大とは、それらを単なる物質的な要素ではなく、真理を本質とする大日如来の言語的な象徴であるア（a）、ヴァ（va）、ラ（ra）、カ（ha）、キャ（kha）の五字、あるいは真理を身体でもって表した金胎両部の五仏、それだけではなくありとあらゆる仏のことを表している。この五大については、『即身義』の中に詳しく説いているので、そちらを参照されたい。

このように生きとし生けるもの（内）と、山川星辰などの環境世界（外）を構成する五大には、悉く声と響きが具わっている。あらゆる音と声は、この五大を離れては存在しない。このように五大とは声の本体であり、音響はその働きである。それ故に頌には

「五大に皆響き有り」と述べられている。

【読み下し文】

初めに五大と謂《い》うは、一つには地大、二つには水大、三つには火大、四つには風大、五つには空大なり。此の五大に顕密の二義を具す。顕の五大とは常の釈の如し。密の五大とは五字、五仏及び海会《かいえ》の諸尊是れなり。五大の義は『即身義』の中に釈するが如し。此の内外《ないげ》の五大に悉く声響《しょうこう》を具す。一切の音声《おんじょう》は五大を離れず。五大は即ち是れ声の本体なり。音響《おんこう》は則ち用《ゆう》なり。故に「五大に皆響き有り」と曰《い》う。

【原漢文】

初ニ謂フ二五大ト一者、一ニハ地大、二ニハ水大、三ニハ火大、四ニハ風大、五ニハ空大ナリ。此ノ五大ニ具ス二顕密ノ二義ヲ一。顕ノ五大ト者如シ二常ノ釈ノ一。密ノ五大ト者五字五仏及ヒ海会ノ諸尊是レナリ。五大ノ義ハ者如シ二即身義ノ中ニ釈スルカ一。此ノ内外ノ五大ニ悉ク具ス二声響ヲ一。一切ノ音声ハ不レ離レ二五大ヲ一。五大ハ即チ是レ声之本体ナリ。音響ハ則チ用ナリ。故ニ曰フ二五大皆有響一ト。

【用語釈】

「五字」 a, va, ra, ha, kha.

「五仏」 金剛界五仏＝大日如来《だいにちにょらい》（中央）、阿閦《あしゅく》如来（東）、宝生《ほうしょう》如来（南）、阿弥陀《あみだ》如来（西）、不空成就《ふくうじょうじゅ》如来（北）。

胎蔵（界）五仏＝大日如来（中央）、宝幢《ほうどう》如来（東）、開敷華王《かいふけおう》如来（南）、無量《むりょう》寿《じゅ》如来（西）、天鼓雷音《てんくらいおん》如来（北）。

「海会の諸尊」 仏・菩薩・明王・諸天など膨大な数の諸尊を、百千の河川が大海に注ぎ入る様子に喩える。曼荼羅の諸尊を指すこともある。

「内外の五大」【宥快・研心】（四七三下）に四説が紹介されている。1 有情と非情。2 顕は外、密は内の五大なり。3 内は五字五仏等、外は器界すなわち大地、山等なり。4 内は本不生等の字義なり。外は器界等なり。ここでは1の見解を採る。

八　十界と言語

【現代表現】

次に「十界のいたるところに仏の言語が潜む」という中の、十界とは、一に仏の世界のすべて、二に菩薩の世界のすべて、三に縁覚の世界のすべて、四に声聞の世界のすべて、五に天界のすべて、六に人間世界のすべて、七に阿修羅の世界のすべて、八に畜生の世界のすべて、九に餓鬼の世界のすべて、十に地獄の世界のすべてを含む。その他の竜や夜叉《やしゃ》や乾闥婆《げんだつば》などの百鬼は天界、餓鬼界、畜生界の中に納まる。『華厳経』や『金剛頂理趣釈経』には、この十界について述べられている。

【読み下し文】

次に「十界に言語《ごんご》を具す」とは、謂《いわ》く。十界とは、一には一切仏界、二には一切菩薩界、三には一切縁覚界、四には一切声聞界、五には一切天界、六には一切人界、七には一切阿修羅界、八には一切傍生《ぼうじょう》界、九には一切餓鬼界、十には一切棕落迦《ならくか》界なり。自《じ》外《げ》の種種の界等は天鬼及び傍生趣の中に尽す。『華厳《けごん》』及び『金剛頂理趣釈経《こんごうちょうりしゅしゃくきょう》』に、十界の文有り。

【原漢文】

次ニ十界具言語ト者、謂ク。十界ト者、一ニハ一切仏界、二ニハ一切菩薩界、三ニハ一切縁覚界、四ニハ一切声聞界、五ニハ一切天界、六ニハ一切人界、七ニハ一切阿修羅界、八ニハ一切傍生界、九ニハ一切餓鬼界、十ニハ一切捺落迦界ナリ。自外ノ種種ノ界等ハ天鬼及ヒ傍生趣ノ中ニ尽ス。華厳及ヒ金剛頂理趣釈経ニ有リ二十界ノ文一。

【用語釈】

「傍生」　サンスクリット語の tiryañc の音訳語。新訳では傍生、旧訳では畜生。

「捺落迦」　サンスクリット語の naraka の音訳語。地獄のことで、このサンスクリット語の音を写した「奈落」は日本語にもなって、演劇場でも使われている。

【補注】

十界の典拠として、『華厳経』と『理趣釈経』が取り挙げられているが、いずれにも十界については記されていない。十界思想は『大智度論《だいちどろん》』に説かれ、中国では『法華玄《ほっけげん》義《ぎ》』『摩訶止観《まかしかん》』に見ると【勝又】（六七・注1、2）は指摘する。【小田】（二二〇）は『六十華厳』と『理趣釈経』の名を挙げるが、具体的な頁の記載はない。【栂尾】（二三〇・注3、4）は『八十華厳』の頁数（【大正】一〇・二〇五中）を記すが、ここで記されている十界ではない。『理趣釈経』（【大正】一九・六〇七上）に十真如、十法界の名ありとするが、十界の内容が記されているわけではない。【北尾】（一六一）、【Hakeda】（二四一・注25、26）と【高木・ドライト】（九五・注16）は【栂尾】に倣うが、再検討が必要。【宥快・研心】も十界の典拠について疑問が伴うことについて触れている（四八二上―四八四下）。

十界という語は、天台の教義では重要な役割をはたしているが、空海の使用例は少ないと【頼富】（二六〇―二六一）はいう。空海のこの語の使用例は、『声字義』のこの他に二ヵ所、『大日経開題』に二ヵ所くらいのものである。

十界の語の完全な典拠でないにもかかわらず、ここで『理趣釈経』を取り挙げたのは、『大日経』の引用の多い『声字義』の中で『金剛頂経』の典拠が必要と考えられて、根拠が薄いにも関わらず、その名が取り上げられたためであろうか。

二 生き物の世界の言語

【要旨】

この段では、声と名、字、文の不離の関係に言及するが、名は意味を表すために、声と名を別に立てる説一切有部《せついっさいうぶ》に対し、名は声の屈曲差別に過ぎず、声を離れて別の実態はないとする経量部《きょうりょうぶ》や唯識学派の説を採用する。

【現代表現】

このように様々な生き物の住んでいるあらゆる世界に存在する言葉は、いずれも声から起こる。その声には長音・短音、高音・低音、調子、抑揚といった点で違いがあるが、これらをまとめて文《もん》と名づける。この文はもともと本源的なコトバの分節化である字に依っている。また逆にこの本源的なコトバを分節化した字は、文があって初めて現実世界に存在することが出来る。そのような理由から古来の学匠（訓釈者）たちが「文は即ち字なり」といっているのは、思うにこの文と本源的なコトバと繋がる声・字が切っても切れぬ関係、お互いに依存し合う関係にあることを述べているということである。要するに以上のことは、生き物の住む世界に関する声、すなわち文と字の関係である。この文と字には十種の区別があるが、それは前述の文の中に十種の世界の区別があるからである。

【読み下し文】

此の十界所有の言語《ごんご》は皆声《しょう》に由《よ》って起こる。声に長短高下音韻屈曲《おんいんくっこく》有り。此れを文《もん》と名づく。文は名字《みょうじ》に由《よ》り名字は文を待つ。故に諸の訓釈者《くんじゃくしゃ》の文即字と云うは蓋《けだ》し其の不離《ふり》相待《そうだい》を取るのみ。此れ則ち内《ない》の声の文と字なり。此の文と字に且《しばら》く十《とう》の別有り。上の文の十界の差別《しゃべつ》是れなり。

【原漢文】

此ノ十界所有ノ言語ハ皆由レテ声ニ起ル。声ニ有二リ長短高下音韻屈曲一。此ヲ名レク文ト。文ハ由二リ名字一ニ名字ハ待レツ文ヲ。故ニ諸ノ訓釈者ノ云二フハ文即字一ト者、蓋シ取二ル其ノ不離相待一ヲ耳。此レ則チ内ノ声ノ文ト字也。此ノ文ト字ニ且ク有二リ十ノ別一。上ノ文ノ十界ノ差別是ナリ。

【用語釈】

「名字」　この名も字もともに本源的なコトバの分節化を意味する。

「訓釈者」　護法《ごほう》、安慧《あんね》等の十大論師のことで、『唯識論』第二から引用すると見る。そのうち【小田】（二一五）は「名は自性を詮はす、句は差別を詮はす、文は即ち是れ字なり、二が所依と為る、此の三は声を離れて別の体なしと雖も、而も仮と実と異り、亦声には即せず」を、【栂尾】（二三〇・注5）は「句註差別、文即是字」を挙げる。【高木・ドライト】（九七・注17）は『倶舎論』からの「文者謂字」を典拠と見做す。

「此則内声文字也」この読み方について【弘全】、【定弘】はともに「これすなわち内声の文字なり」と読む。これが伝統的な読み方であろう。現代の研究者の読みに若干の相違が認められ、その理解に隔たりがあることが認められる。すなわち、

1 「内の有情の声と文字」（【栂尾】二三〇、【松本】二七六、【宮坂】二〇七）。

2 「これは生きる者たちの文字である」（【頼富】二六七）、【北尾】一六四、「生き物すべてに文字がある」（【加藤】七四）、いずれも声が欠落している。

3 「内声の文字」と読み、内声を有情の声と注記する（【勝又】六六―六七）。

4 筆者の理解はこれらの見解とは異なり、上述の【現代表現】のように理解する。

ホ　文字の真か妄かの区別

【現代表現】

以上のような十界の区別に従って、十種の文字があるが、それらが真実の言葉であるか、まやかしの言葉なのか、どちらなのかという疑問が起こる。横の平等の観点からすれば、あらゆる文字はそのまま真実の言葉だという見解もあるが、縦の差別をみる観点

からすれば、菩薩界から地獄界に至る九界の言葉はまやかしの言葉で、仏の世界の言葉だけが真実である。それ故に『金剛般若経』（【大正】八・五〇中）などには、仏陀のことを、真実の言葉で語る者、事実に則した言葉で語る者、真実に基づくありのままの言葉で語る者、嘘でない言葉で語る者、前後一貫した言葉で語る者と五種に分けて述べている。これら五種の言葉は、サンスクリット語では曼荼羅という。この真語という一語の中に五種の意味それぞれを含んでいるので、竜樹は『大智度論』第三十八（【大正】三二・六〇五下―六〇六上）の中でそれをまとめて秘密語と呼び、この秘密語を真言と名づけた。翻訳者の竜樹が、仏界の言葉として五種ある中で、とくに秘密語という一つの訳語を採用したわけである。

【読み下し文】

此の十種の文字《もんじ》の真妄云何《いかん》。若し竪浅深《しゅせんじん》の釈に約せば、則ち九界《くかい》は妄なり。仏界の文字は真実なり。故に経に、真語者《しんごしゃ》、実語《じつご》者、如語《にょご》者、不誑語《ふおうご》者、不異語《ふいご》者と云う。此の五種の言《ごん》は梵には曼荼羅《まんだら》と云う。此の一言の中に五種の差別《しゃべつ》を具するが故に、竜樹《りゅうじゅ》は秘密語《ひみつご》と名づく。此の秘密語を則ち真言と名づくるなり。訳者、五つが中の一種を取って翻ずるのみ。

【原漢文】

此ノ十種ノ文字ノ真妄云何ン。若シ約セハ二竪浅深ノ釈ニ一、則チ九界ハ妄也。仏界ノ文字ハ真実ナリ。故ニ経ニ云フ二真語者実語者如語者不誑語者不異語者ト一。此ノ五種ノ言ハ、梵ニハ云フ二曼荼羅ト一。此ノ一言ノ中ニ具スルカ二五種ノ差別ヲ一故ニ、竜樹ハ名ク二秘密語ト一。此ノ秘密語ヲ則チ名ル二真言ト一也。訳者取テ二五ツカ中ノ一種ヲ一翻ス耳ノミ。

【用語釈】

「竪」　仏教ではある思想を、平等の観点から見ることを横《おう》といい、差別すなわち特色を持つか否かの観点からを竪《しゅ》といい、両面から検討することがある。

【補注】

「曼荼羅」『声字義』の本文に「秘密語と名づける真言を梵（語）では曼荼羅という」（取意）とある文中の〝曼荼羅〟を取り上げる。当該箇所はもと『大日経疏』巻一の住心品（【大正】三九・五七九中）からの引用文で、そこでは「梵に漫怛羅と曰う。即ち是れ真語・如語・不妄・不異の義なり。竜樹の釈論には之を秘密号と謂う」とある。

ここでいう真言のサンスクリット語は、マントラ（mantra）かマンダラ（maṇḍala）かの問題が起こる。サンスクリット語に通じていた浄厳、慈雲などは真言のサンスクリット語はマントラを正当とした。その説を認める諸学匠は、この曼荼羅を音の似通った漫怛羅の写誤とみなした。それに対して曇寂などは、曼荼羅の語は大師の意図が反映されたもので、写誤ではないと主張した（【曇寂】二九九）。このマントラとマンダラの両様の記述について伝統的な諸学匠の説については、芙蓉良順「真言について」（『密教学研究』創刊号、一九六九年）に詳しい。

明治以降の近世の研究者の間でも両説に分かれる。写誤説を取るのは【那須・国訳】（二七七・注三四）、【栂尾】（二三二）、【勝又】（六七・注4）、【小田】（二一一）、【松本】

（二九六・注四〇）、【頼富】（二六九）、【宮坂】（二〇八）である。
一方、この真言を曼荼羅と記す解釈を肯定し、『十住心論』巻十（【定弘】二・三〇八）に「真言とは且く語密に就いて名を得。若し梵語に拠らば曼荼羅と名づく」の文を典拠とする説（【北尾】一六七）がある。

空海の諸著作の中で、曼荼羅と記すのは、『声字義』の当該の箇所と、上記の『十住心論』である。ただ通称『広付法伝』といわれる書物は、正式には『秘密漫荼羅教付法伝』と称される。この場合の「秘密漫荼羅教」とは真言密教を指すとみてよい。

一方、この真言を「漫怛羅」とする空海の著作は『大日経開題』に三本存在する。衆生狂迷本（【定弘】四・二二）、隆崇頂不見本（四七）、関以受自楽本（六二）であるが、これら三本はいずれも偽作の疑いがもたれている。

また空海が独自の見解により、意図的に漫怛羅でなく、曼荼羅と修正加筆したとする説（【岡村】一六七―一七五）は見逃せない。さらに曼荼羅説は空海の座標としての「存在はコトバなり」という根本テーゼと直結するとの見解も提出されている（【高木・座標】一八八、【高木・ドライト】九九・注一九）。

以上の諸説を参照した上で筆者は、空海が独自の意図をもって、真言を曼荼羅と意識して表現したと考えているが、この「独自の意図」は空海教学全般にかかわるため、さらに稿を改めた詳しい検討が必要となろう。

へ　真言とは何か

【現代表現】

ここでいう真言とは、何をいい表そうとしているのであろうか。真言はあらゆる存在の本質を間違わず、偽りなく表現している。それ故に真言という。この真言がどうしてあらゆる存在の本質と繋がる「名」と結びついているのかといえば、真言には色々あるが、その根源となるものを求めていくと、大日如来の海印三昧王《かいいんざんまいおう》の真言に勝るものはない。

その海印三昧王という真言の王とは何かといえば、『金剛頂経』（不空訳『瑜伽金剛頂経釈字母品』【大正】一八・三三八中―三三九上）及び『大日経』字輪品（【大正】一八・三〇中下）に説かれている字輪《じりん》とか字母《じも》等がそれに当たる。その字母というのは、サンスクリット語のア字（a）から始まりカ字（ha）に終わる文字などのことである。このア字とかカ字等は法身である大日如来のそれぞれの名前とか秘密の称号である。それだけではなく諸天や竜神や鬼たちにも、この名がある。実はこれら天竜等の名のもとは法身であり、これらの名も同じく法身より出ている。あらゆる言語は大日如来より流出して、世間に流布している言語となっているに過ぎない。

【読み下し文】

此の真言は何物をか詮《せん》ずる。能く諸法の実相を呼んで不謬不妄《ふみょうふもう》なり。故に真言と名づく。其の真言云何《いかん》が諸法の名を呼ぶ。真言無量に差別なりと云うと雖も、彼の根源を極《きわ》むるに、大日尊《だいにちそん》の海印三昧王《かいいんざんまいおう》の真言には出《い》でず。彼の真言王云何。『金剛頂』及び『大日経』所説の字輪《じりん》、字母《じも》等是れなり。彼の字母とは、梵書《ぼんしょ》の阿字等乃至呵《か》字等是れなり。此の阿字等は則ち法身如来の一一《いちいち》の名字《みょうじ》密号なり。乃至天竜鬼《てんりゅうき》等も亦た此の名を具せり。名の根本は法身を根源と為《す》。彼より流出《るしゅつ》して稍《よう》や《》く転じて、世流布《せるふ》の言《ごん》と為《な》る而已《のみ》。

【原漢文】

此ノ真言ハ詮スル二何物ヲカ一。能ク呼テ二諸法ノ実相ヲ一不謬不妄ナリ。故ニ名ク二真言ト一。其ノ真言云何ンカ呼フ二諸法ノ名ヲ一。雖レ云フト二真言無量ニ差別ナリト一、極ムルニ二彼ノ根源ヲ一不レ出テ二大日尊ノ海印三昧王ノ真言ニハ一。彼ノ真言王云何ン。金剛頂及ヒ大日経所説ノ字輪字母等是レ也。彼ノ字母ト者梵書ノ阿字等乃至呵字等是レナリ。此ノ阿字等ハ則チ法身如来ノ一一ノ名字密号也。乃至天竜鬼等モ亦具セリ二此ノ名ヲ一。名之根本ハ法身ヲ為《ス》二根源ト一。従リレ彼レ流出シテ稍ク転シテ為ル二世流布ノ言ト一而已《ノミ》。

【用語釈】

「海印三昧王」　大日如来が両部大経に説く五十字門をいう。『華厳経』に説く海印定は真如本覚について喩えをもって示したもので、静まった海水中に森羅万象がすべて心水に映じ、一切諸法を明瞭に知るをいう（【小田】二一一）。【宥快・研心】（四九一上下）によれば、「海印三昧の言葉は両部大経には見えない。『大般若経』四百十四に、海印三摩地、『華厳経』賢首品に、海印三昧の語が説かれている。（中略）海印三昧の名は顕経の説であるが、大師は意味を受け取って大日如来がお入りになる定に海印の名字を立てられたのである。意味内容に従って言葉を転用されることはよくあることである。王の字を付加したのはそれより優れた意味を表すためか」（取意訳）と解説する。

「梵書」　サンスクリット語の文字ないし書物。

ト　真言と妄語の違い

【現代表現】

ものの真実の意味にかなっている言葉を真言と呼び、ものの根源にかかわりのない言葉を妄語と名づける。妄語を使っておれば、生まれ変わり死に変わっても永遠に苦にさいなまれる。その反対に真言を唱えたり聞いたりすれば、即座に苦が抜き去られ、楽が与えられる。ちょうど毒と薬、迷いと覚り、これらの間にはっきりした損と益との違いがあるようなものだと思えばよい。

問う。竜猛が『釈摩訶衍論』（【大正】三二・六〇五下）第二でお説きになっておられる相と夢と妄と無始と如義という五種の言説と、今お示しになった真の言葉と妄の言葉との二種の言説の間には、一体どのような関係がありましょうか。

答える。相と夢と妄と無始の四種の言説は妄に属し、如義の言説が真実に属している。以上で真実の言葉と妄の言葉の関係については説き終わった。

【読み下し文】

若し実義《じつぎ》を知るをば則ち真言と名づけ、根源を知らざるをば妄語と名づく。妄語は則ち長夜《じょうや》に苦を受け、真言は則ち苦を抜き楽を与う。譬えば薬毒《やくどく》の迷悟《めいご》に損益《そんにゃく》不同なるが如し。

問うて曰く。竜猛所説の五種の言説《ごんぜつ》と今の所説の二種の言説と如何《いかん》が相摂《そうしょう》するや。

答《と》う。相夢妄無始《そうむもうむし》は妄に属して摂《せっ》し、如義は則ち真実に属して摂す。已に真妄の文字を説き竟《おわ》んぬ。

【原漢文】

若シ知ルヲハ二実義ヲ一則チ名ケ二真言ト一、不ルヲハレ知ラ二根源ヲ一名ク二妄語ト一。妄語ハ則チ長夜ニ受ケレ苦ヲ、真言ハ則チ抜キレ苦ヲ与フレ楽ヲ。譬ハ如シ二薬毒ノ迷悟ニ損益不同ナルカ一。

問テ曰ク。竜猛所説ノ五種ノ言説ト今ノ所説ノ二種ノ言説ト如何ンカ相摂スル。

答フ。相夢妄無始ハ者属シテレ妄ニ摂シ、如義ハ則チ属シテ二真実ニ一摂ス。已ニ説キ二真妄ノ文字ヲ一竟ヌ。

【用語釈】

「五種の言説」

1　相言説　外界にある物の姿や形を見て発する言葉。

2　夢言説　過去の夢等の経験に基づいて発する言葉。

3　妄執言説　過去の経験と関連して、善悪に関係なく執着して発する言葉。

4　無始言説　無始以来習慣となっている煩悩に基づいて勝手に発する言葉。

5　如義言説　真理にかなった言葉。

これらの中、1から4までの言語は現世の言葉、それに対して、5は真如門つまり覚りの世界の言葉。『辯顕密二教論』には、五種言説を顕密に二分し、前四は顕、したがって一切の顕教は妄語の分斉にして如来の内証に相応せず、第五は密にして密教の両部大経は此の如義言説なるが故に如来の内証に相応すと説く。

チ　六塵は文字

【現代表現】

次に内つまりいのちのあるもの（有情）の文字と、外つまりいのちのないもの（土石などの非情）の文字について明らかにしよう。

頌に、「六種の認識器官の対象となる六種の塵は、すべてが文字である」という文があるが、そのうち六種の塵とは、一に眼に見えるもの、二に声、三に匂い、四に味、五には触感、六には思考されるものを指す。この六塵はそれぞれ文字のかたちをとっている。

【読み下し文】

次に内外《ないげ》の文字《もんじ》の相を釈せん。頌の文に「六塵悉く文字」と者、謂く、六塵と者、一《ひとつ》には色塵《しきじん》、二《ふたつ》には声塵《しょうじん》、三《みつ》には香塵《こうじん》、四《よつ》には味塵《みじん》、五《いつつ》には触塵《そくじん》、六《むつ》には法塵《ほうじん》なり。此の六塵に各文字の相有り。

【原漢文】

次ニ釈二セン内外ノ文字ノ相一ヲ。頌ノ文ニ六塵悉文字ト者、謂ク、六塵ト者、一ニハ色塵、二ニハ声塵、三ニハ香塵、四ニハ味塵、五ニハ触塵、六ニハ法塵ナリ。此ノ六塵ニ各有二リ文字ノ相一。

【補注】

「六塵」　六塵それぞれについての、大小乗の見解の相違については、【長谷】（二四一―二五一）、【小田】（二二二―二二四）、【紀要別・声】三七頁（米田）などにその要点が紹介されているが、ここで取り上げるには煩雑に過ぎるので省略する。

「六塵悉文字」の句に二通りの読みがある。一は「六塵　悉く文字なり」。この読みは『声字義』の叙意の「夫れ如来の説法は必ず文字に籍る。文字の所在は六塵其の体なり」により、多くの注釈者がこの説に随う。二は「六塵に悉く文字あり」。この読みは当該箇所の「此の六塵に各文字の相あり」による。【道範】（二三上）は「六塵に各六塵の体相あり。故に六塵に通じて眼所見の色の文字の相あるべし」と、六塵それぞれに皆眼で見る色塵の文字があると理解し、二の説を採る。

六塵が文字であることを説いたのは、空海が最初であるが、以前にそれと近い見解が、吉蔵『浄名玄論』六（【大正】三八・八九五上）に存在することを土居が指摘する。また仏智の展開が六塵の諸法であるとする『大宝積経』と『釈摩訶衍論』の記述、さらに阿字本不生の立場からみた六塵に諸法はすべて実相であるとする『大日経疏』の説等については、【紀要別・声】四二―四四頁（米田）参照。

5　色塵の文字

イ　色塵の頌

【要旨】

これより以下、巻末に至るまで、まず六塵のうち色塵とは何か。それに関連する一頌を提示して釈を加え、内容を解説する。その過程において、当時、仏教界で勢力を持っていた法相宗の教学を意識し、『瑜伽師地論』を引用し、それに対して『大日経』の文を示して、密教の独自の見解を披歴する。

【現代表現】

六塵の最初にあたる、色塵つまり眼に見えるものとは何か、またそれらがそれぞれどういう意味を持つのかという点について、次のような頌にまとめられている。

眼に見える色塵に、いろ（顕色《けんじき》）と、かたち（形色《ぎょうしき》）と、うごき（表色《ひょうしき》）等がある。

それに過去の業を受け生まれた生類、彼らの拠り所となる土石などの非情も加わる。

これらには自然に生まれたもの（法然）と、何かの縁（随縁）で生まれたものがある。

これらの眼に見えるさまざまな色塵を同じく見るにしても愚者は迷い、智者は覚る。

この頌を四つの部分に分けて釈を加えよう。

最初の一句は眼に見える色塵には、いろ（顕色）と、かたち（形色）と、うごき（表色）の三種類の区別があることを示す。

次の句は生きとし生ける者（有情）と、いのちを持たない物（非情）にも、いろ、かたち、うごきが具わり、互いに身心を持つ者となり、またいのちを持たぬ物ともなって、色塵が存在することをいう。

三番目の句はありのまま自然に生まれたものと、何らかの縁によって生まれたものとで、色塵が存在することを述べている。

第四番目はこのような様々な眼に見えるもの（色塵）も、愚者には迷いの原因となる毒に変わり、智者には覚りに向かう端緒となる薬の役目を果たすことを説いている。

【読み下し文】

初めの色塵の字義差別《しゃべつ》云何《いかん》。頌に曰く。

顕形表《けんぎょうひょう》等の色《しき》あり、　内外《ないげ》の依正《えしょう》に具す。

法然《ほうねん》と随縁《ずいえん》と有り、　能く迷い、亦た能く悟る。

釈して曰く。頌の文を四つに分かつ。

初めの一句は色の差別を挙げ、次の句は内外の色、互いに依正《えしょう》と為ることを表し、三つには法爾随縁《ほうにずいえん》の二種の所生《しょしょう》を顕し、四つには此の種種の色、#愚者に於いては毒と為り、智者に於いては薬と為ることを説く。

#【弘全】と【中川】は「愚に於いて者（中略）智に於いて者」であるが、ここでは【定弘】により改める。

【原漢文】

初ノ色塵ノ字義差別云何ン。頌ニ曰ク。

顕形表等ノ色アリ　内外ノ依正ニ具ス

法然ト随縁有リ　能ク迷ヒ亦能ク悟ル

釈シテ曰ク。頌ノ文ヲ分ツ㆑四ニ。
初ノ一句ハ挙ケ㆓色ノ差別ヲ㆒。次ノ句ハ表シ㆔内外ノ色互ニ為ルコトヲ㆓依正ト㆒、三ニハ顕シ㆓法爾随縁ノ二種ノ所生ヲ㆒、四ニハ説ク㆘此ノ種種ノ色於テハ㆓愚者ニ㆒為リ㆑毒ト於テハ㆓智者ニ㆒為ルコトヲ㆖㆑薬ト。

【用語釈】

「顕形表」　これらについて、後述の本文において説明があるため、ここでは説明を略す。ただ倶舎では、表色を立てず、それを形色に含める。ここで、顕・形・表の三色とするのは『瑜伽論』の性相による（【小田】二二六）。

「依と正」　依報と正報の略。過去の業によって受けた身心を正報といい、その身心の依り所となる世間を依報という。広義には、正はいのちを持つもの、依はそれを支える国土や土石、つまり環境世界をさす。

「法爾（法然）と随縁」　法爾と法然はほぼ同義語。法爾はあるがままの存在、随縁は何らかの縁によって存在すること。空海は『金剛頂経開題』において、覚りすなわち「現証に二あり。初めには法爾現証、次には随縁現証なり。（中略）本覚の仏は自爾に一切の法を現覚して諸々の功徳を証得するが故に。随縁証得とは随縁の本智は生死に流転し、源を背いて時久し、若し内薫外縁の力に遇えば、生死を厭って涅槃を欣び、覚の日光を発して無明の闇夜を照らし、本有の宝蔵を知って悉く自家の功徳を得る。之を現証と名づく」（【定弘】四・八一―八二）と説明している。このような思想の背景に、『大乗起信論』など如来蔵・本覚思想を説く一群の経論があったと【頼富】はいう（二七二―二七三）。

ロ　顕色とは

【要旨】

頌の第一句の色塵を、『瑜伽師地論《ゆがしじろん》』の区分に従い、いろ、かたち、うごきの三種に分ける。最初のいろ（顕色）について、『大日経』の見解を紹介する。五色とは密教では五大の色と主張するところが、空海の独自の考えの挿入と見てよい。

【現代表現】

初めの句に「顕形表等の色」とあるが、眼に見えるもの、すなわち色塵が三通りに分かれる。その一は〈いろ〉（顕色）、第二は〈かたち〉（形色）、第三は〈うごき〉（表色）である。そのうち第一番目の〈いろ〉というのは、密教では、地・水・火・風・空の五大の色をいう。法相宗《ほっそう》の学匠は黒色を除く四種の色を説くが、それに対して『大日経』（【大正】一八・二〇中―二一上、および五二中）では、五大の色である黄色、白色、赤色、黒色、青色を挙げて〈いろ〉とする。五大と五色は順に配当するがよい。

法相宗の学匠が典拠とする『瑜伽師地論』（【大正】三〇・二七九中）では、影、光、明、闇、雲、煙、塵、霧、そして空の色（空一顕色）、以上の九種の色を、顕色と名づける。あるいはまた眼の認識作用が明確に働く時に、対象となるはっきりした色を顕色と名づける。これらの色には、好きだとか、嫌いだとか、どちらでもないといった区別がある。

『大日経』の住心品（【大正】一八・一下）に、「心は青でも、黄でも、赤でも、白でも、紅紫でも、水精色でもなく、明でもなく、闇でもない」と説かれてはいるが、この場合『大日経』の述べている心は（菩提心であって）視覚の対象とはならず、ここでいう顕色には当たらないと否定しているのである。

【読み下し文】

初めの句に「顕形表等の色」と者《は》、此れに三つの別有り。一つには顕色、二つには形色、三つには表色なり。一つに顕色と者、五大の色是れなり。法相家《ほっそうけ》には四種の色を説いて、黒色《しき》を立てず。『大日経』に依らば、五大の色を立つ。五大の色と者、一つには黄《おう》色、二つには白《びゃく》色、三つには赤《しゃく》色、四つには黒《こく》色、五つには青《しょう》色#是れなり。五大の色を名づけて顕色と為す#是なり。五色は即ち是れ五大の色なり。次いでの如く配して知れ。

影《よう》・光《こう》・明《みょう》・闇《あん》・雲《うん》・煙《えん》・塵《じん》・霧《む》及び空一顕色《くういつけんじき》を亦顕色と名づく。又顕了にして眼識《げんしき》の所行なるを顕色と名づくが##若《ごと》し。此の色に好悪倶異《こうおくい》等の差別を具す。

『大日経』に、###「心は、青・黄《おう》・赤《しゃく》・白《びゃく》・紅紫《ぐし》・水精色《すいしょうしき》に非ず、明に非ず、闇に非ず」と云うは、此れは心《しん》は顕色に非ずと遮す。
＃　これらの「是」は、前例に随って、前のことばに続けて「青色是れなり」「顕色と為す是れなり」と読む（【紀要別・声】五〇頁、米田の注参照）。
＃＃　この「若し」は「又若し顕了」となっている本文を、米田により訂正。
＃＃＃【弘全】【中川】は「心非青黄赤白紅紫水精色非明非闇」と白文で読むが、それを【定弘】により返点、送り仮名を付す。

【原漢文】

初ノ句ニ顕形表等色ト者、此ニ有リ二三ツノ別一。一ニハ顕色、二ニハ形色、三ニハ表色ナリ。一ニ顕色ト者、五大ノ色是レナリ。法相家ニハ説テ二四種ノ色一ヲ不レ立テ二黒色一ヲ。依ラハ二大日経ニ一立ツ二五大ノ色一ヲ。五大ノ色ト者、一ニハ黄色、二ニハ白色、三ニハ赤色、四ニハ黒色、五ニハ青色是レナリ。五大ノ色ヲ名テ為ス二顕色一ト是レナリ。五色ハ即チ是レ五大ノ色ナリ。如レク次テノ配シテ知レ。
影光明闇雲煙塵霧及ヒ空一顕色ヲ亦名ク二顕色一ト。又若シ三顕了ニシテ眼識ノ所行ナルヲ名クカ二顕色ト一。此ノ色ニ具ス二好悪倶異等ノ差別ヲ一。
大日経ニ云フハ二心ハ非青黄赤白紅紫水精色非明非闇ト一、此ハ遮ス三心ハ非スト二顕色ニ一。

【用語釈】

「顕形表等の色」　この「等」は、顕・行・表それぞれの色に所属する複数の色があることをいう（【周海】四〇五下）。

「空一顕色」　元来、空《そら》は無色であるが、仏教世界の中心に聳える須弥山《しゅみせん》はその四方が四宝からなり、それぞれの色を映すといわれる。そのうちの一色をいう。

「倶異」　どちらでもないこと。

「心は青・黄等に非ず云々」　『大日経』よりの引用文の解説。「此れは自宗に明かす所の顕色を証する也。この文は菩提心の相を計して青と為し、或いは黄と為し、ないしあるいは明と為し、闇と為す。かくの如くの種々の情計を遮るを明かす文也」（【周海】四〇八下―四〇九上）。

八　形色とは

【現代表現】

次にかたち（形色）については、『瑜伽師地論』（【大正】三〇・二七九中）などによれば、長い、短い、大きい、小さい、均整のとれた、歪な、高い、低いといったかたちが説かれる。また『大日経』（【大正】一八・二〇―二一）によれば、四角形、円形、三角形、半月形等々もあり、さらに複数の（顕）色が重なり合い、長短などの形が分かるのも、形色である。

『大日経』住心品に「心は長からず、短かからず、円形ならず、方形ならず」（【大正】一八・一下）と述べているが、もともと『大日経』でいう心は、視覚の対象とはならないから、これは除外してよいということである。

【読み下し文】

次に形色と者、謂く。長《じょう》・短《たん》・麁《そ》・細《さい》・正《しょう》・不正《ふしょう》・高《こう》・下《げ》是れなり。又方《ほう》・円《えん》・三《さん》角《かく》・半月《はんがつ》等是れなり。又若《かくのごとく》の色の積重《しゃくじゅう》する長短等の分別の相是れなり。

『大日経』に「心《しん》、非長《ひじょう》・非短・非円・非方」と云う者、此れは心、形色に非ずと遮す。

【原漢文】

次ニ形色ト者、謂ク。長短麁細正不正高下是レナリ。又方円三角半月等是レ也。又若※ノ色ノ積集スル長短等ノ分別ノ相是レ也。

大日経ニ云フ二心非長非短非円非方ト一者、此レハ遮三ス心非二スト形色一ニ。

※【弘全】【定弘】【中川】ともに「若シ」と読むが、「かくのごとく」と読み変える。

【用語釈】

「麁・細」 形の大きい・小さいの意味（『百法論疏』下）。

「正不正」「物の形の均整なることを正と云い、これに反することを不正と名づく」（『瑜伽師地論』遁倫記第一）。

「高下」 長短は四辺によるすなわち横の区別、高下は処中による縦の区別（『瑜伽師地論』遁倫記による）。【頼瑜】（八三上下）参照。
「色積集」　色とは顕色で、顕色が方円等に積集したものを形色と名づける。

二　表色とは

【現代表現】

第三番のうごき（表色）とは、内なる心を外に表して、取り上げる、捨てる、屈む、伸びをする、行動する、留まる、坐る、横たわるといったようなうごきを起こすことがそれに相当する。先に述べたようにいろが集まってかたちをつくるのであるが、そのかたち（形色）が生まれたり、滅したり、継続したりするのは、その変化の原因である内なる心が原因となっているからである。

表色はうごきであるから、以前に出た場所には再び現れないで、また別な場所に転じて現れる。それは間断なく、もしくは逆に間を置いても動かなかったり、時には近くで、または遠くでといった違いも出てくる。あるいは同じ場所に、形を変えて出てくることもある。要するに心のうごきによってかたちやいろなどに様々な違いも出てくる。これらを表色という。
『大日経』住心品に「心は男でなく、女でもない」（【大正】一八・一下）という。これは『大日経』の説く心が、男や女の取る行動の表色とは関係がないと否定したものである。このことは顕色と形色にも通じる。

【読み下し文】

三に表色と者、謂く。取《しゅ》・捨《しゃ》・屈《くつ》・申《しん》・行《ぎょう》・住《じゅう》・坐《ざ》・臥《が》是れなり。又、即ち此の積《しゃく》集色《じゅうしき》の生滅相続することは、変異《へんい》の因に由《よ》る。先生処《ぜんじょうしょ》に於いて復た重ねて生ぜずして異処《いしょ》に転ず。或いは無間《むけん》、或いは有間《うけん》、或いは近《ごん》、或いは遠《おん》の差別《しゃべつ》生ずるなり。或いは即ち此の処に於いて変異《へんい》して生ずる是れなり。又業用為作《ごうゆういさ》の転動《てんどう》差別、是れを表色と名づく。
『大日経』に「心、非男・非女」と云う者、亦た心、表色に非ずと遮す、是れ亦た顕形色に通ず。

【原漢文】

三ニ表色ト者、謂ク。取捨屈申行住坐臥是レナリ。又即チ此ノ積集色ノ生滅相続スルコトハ由ル二変異ノ因ニ一。於テ二先生処ニ一不シテ二復タ重テ生セ一転ス二於異処ニ一。或ハ無間、或ハ有間、或ハ近、或ハ遠ノ差別生スルナリ。或ハ即チ於テ二此ノ処ニ一変異シテ生スル是ナリ。又業用為作ノ転動差別是ヲ名ク二表色ト一。

大日経ニ云フ二心非男非女ト一者、亦遮ス三心非スト二表色ニ一。是レ亦通ス二顕形色ニ一。

【用語釈】

「表色」「取捨屈申等の内心を表示する辺を取って表色とす」（【宥快・義鈔】二三六上）。「自己の内心を表して他に示す意によって表色という。内心を表示するに語業に依ることを語表業と云い、身業によることを身表業という。今の取捨屈申等は身の上の作業であり、色処の表色である」（【賢宝】一六四上）。【周海】（四一〇下）等多くの注釈者もこの考えを採用しているから伝統説と見ていいであろう。【小田】（二二三二）、【栂尾】（二一三五―二三六）も伝統説に随い「内心の表現たる表色」と釈している。筆者もそれに従った。現代の研究者は取り立ててそれに触れていない。

「積集色」　積集色とは上の形色に当たるか、それとも表色か、二説に分かれる。形色説は、【宥快・義鈔】（二三六上）、【栂尾】（二三六）、【頼富】（二七七）等で、表色説は【小田】（二三三）である。上述の頼富以外の現代の研究者はこの点に関心がなく、「集まり重なった色が」或いは「集まった色彩が」と文字通りに現代語にただ置き換えているに過ぎない解説書が多い。

「業用」　認識作用のことで、この思業がはたらくことによって諸の形色が変化する差別を表色と名づけるという意味（【小田】二三四）。

ホ　表色のまとめ

【要旨】

『大日経』の住心品の浄菩提心を説く文の中から、顕・形・表の三色を一ヵ所に説く文を取り挙げる。とはいえそこには顕と形の各色は現れるが、表色は見当たらない。そこで「色受想行識」から「能執・所執に求むるに不可得」までの文を表色に配し、あわせて三色の典拠と見做す。

次いで『瑜伽師地論』の説などを参照して、顕・形・表の三色が色塵に対して種々の区別を持つことに触れ、色々な区別を持つ色塵が文字でもあり、この文字が本源的なコトバと繫がっていると説く。

【現代表現】

また『大日経』住心品（【大正】一八・一下）に、「どのようにして自らの心を知るのですか、という問いに答えて、あるいはいろ、あるいはかたち、あるいは色・受・想・行・識といった五種の認識作用に対する執着、あるいは自我に対する捉われ、または自己が所有すると思っているものに対するこだわり、あるいは主観によって認識したものに対する執着、もしくは客観的に存在すると認識されたものに対する捉われなどの中に求めても不可能である」と説いているのは、この中で顕色と形色と表色の名を明かしたものである。そのうち顕色と形色については経文通りに理解してよい。以下の文は表色について述べる。取とか捨とか、働きとかといった行動と関連するためである。五蘊そのものや、我・我所・能執・所執を直接的に表色とするわけではない。

以上のように一切の顕色、形色、表色は『瑜伽師地論』（【大正】三〇・二七九）などの説に依れば、眼の根《こん》（感覚器官）の働くところ、眼根の対象、眼という認識作用の働くところ、眼という認識作用の対象、眼という認識作用が認識するところ、意識の働くところ、意識の対象、意識が認識するところである。以上は顕色・形色・表色が色塵に対して様々な区別を持つことに名づけたのである。

以上のように色々な区別のあるのが文字である。このように文は様々な姿を持ち、それぞれの文はそれぞれの本源的なコトバと繋がっている。それ故にコトバに基づく字すなわち名字という。いろ、かたち、うごき、この三種が色塵の文字である。あるいは色に二十種の区別を認めることもある。それは前述の十界に、そこに住む生きものと、それらを支えていて、いのちを持たない山川や国土に、それぞれ色塵があるからである。

【読み下し文】

又、云何が自ら心を知る。謂く。或いは顕色、あるいは形色、若しは色受想行識、若しは我、若しは我所、若しは能執、若しは所執の中に求むるに不可得なりと云う者、此れは顕形表色の名を明かす。顕形は文《もん》の如く知ぬべし。自下《じげ》は即ち是れ表色なり。取捨業用為作等の故に。

是くの如く一切の顕形表の色は是れ眼所行・眼境界、眼識所行・眼識境界・眼識所縁、意識所行・意識境界・意識所縁なり。之を差別と名づく。

是の如くの差別は即ち是れ文字なり。各各の相、則ち是れ文なるが故に、各各の文に則ち各各の名字有り。故に文字と名づく。此れ是の三種は色の文字なり。或いは二十種の差別を分かつ。前に謂う所の十界の依正《えしょう》の色差別なるが故に。

【原漢文】

又云フ下云何ンカ自ラ知ルレ心ヲ。謂ク。或ハ顕色、或ハ形色、若ハ色受想行識、若ハ我、若ハ我所、若ハ能執、若ハ所執ノ中ニ求ルニ不可得ナリト上者、此レハ明スニ顕形表色之名ヲ一。顕形ハ如クレ文ノ可シレ知ヌ。自下ハ即チ是レ表色也。取捨業用為作等ノ故ニ。
如クレ是ノ一切ノ顕形表ノ色ハ是レ眼所行眼境界、眼識所行眼識境界眼識所縁、意識所行意識境界意識所縁ナリ。名ク二之ヲ差別ト一。
如ノレ是ノ差別ハ即チ是レ文字也。各各ノ相則チ是レ文ナルカ故ニ、各各ノ文ニ則チ有リ二各各ノ名字一。故ニ名ク二文字ト一。此レ是ノ三種ハ色ノ文字ナリ。或ハ分ツ二廿種ノ差別ヲ一。前キニ所ノレ謂フ十界ノ依正ノ色差別ナルカ故ニ。

【用語釈】

「文字」　この「文字」について、伝統的な教学者も、近代の学匠も特に注意を払っているとは考えられない。これらの中にあって、小田のコメントは注目すべきであろう。「文字ということについて本書の用法に二の配立がある。一は文即字で、名句の所依である。一は文が文字で、字は名字、即ち名句の中の「名」である。いまここに「文字」というのは二釈の中には後の意を以て見るべきである。「文」は文彩の義で、三色の差別の相を「文」とし、各々の「文」に各々の名字を立てる」（【小田】二三八―二三九）。この場合の「名」も本源的なコトバと繋がり、文は彩、字はコトバと見てよい。
「二十種の差別」十界の各々に正報と依報があり、あわせて二十となる。
「依正」正報（生きもの）と依報（かれらの住む国土など環境世界）。

6 ものの存在について

イ 四大種とものとの関係

【要旨】

『瑜伽師地論』により、もの（色聚）について、仏教からの問題を提示する。
地・水・火・風の四大種（ものに関する四種の構成要素）が造る側（造色）、
色・声・香・味・触等（もの）が造られる側（所造色）。
大種が色や声等のものを生み出すには、それぞれが種を持ち、生・依・立・持・養の五つの原因があることを問答の形で示す。

【現代表現】

『瑜伽師地論』第三（【大正】三〇・二九〇上）に次のように説かれている。

「これから最初に、ものの存在について説こう。」

問う。（大乗仏教では）あらゆる存在物が生じるのは、みな自身が持っている種子から起こる（と説く）。それでは、どうして造る側（造色）の地・水・火・風の四種の大種（物質的な構成要素）が、造られる側（所造色）の一切の色・声・香・味・触といったものを生ずるのですか（1　生）。どうして造る側のものが、大種によらねばならないのですか（2　依）、どうして（造られる側のものが）それ（造る側のもの）を基盤として立ち上げられるのですか（3　立）、どうしてそれによって保持せられるのですか（4　持）、どうしてそれによって増広（5　養）されるのでしょうか。

答える。生類と非生類を問わず、造る側の四大種の種子と、造られる側のもの、それぞれの種子はいずれもすべてが（深層意識の）内部にあって、それらが絶えることなく次々に引き継がれていく心の流れ（阿頼耶識《あらやしき》）に依存しているからである。そしてまた、諸々の物質的な構成要素（四大種）の種子が造色を生じない限り、造られる側の色・声などの種子が、色・声・味・触などのものを生ずることができない。このようなわけでかならず四大種たるものの構成要素が生じて初めて、造られる側のものもまさに自己の種子から生じるのである。そこで四大種がよく造色を生ずと説くのである。それは四大種が造色を生む条件だということである。このような道理によって、諸々の大種が造色を生み出す原因となると説かれる（1　生）。

なぜ、もの（造色）が四大種に依存せねばならないのですか。それはものが生じ終わっても、四大種の場所を離れずに、それに依存して転変するからである（2　依）。

なぜ、ものは四大種に基盤を持ち、立ち上げられるのですか。四大種が安定するか、不安定であるかにより、ものも安定したり、不安定になったりし、互いに連動するからである（3　立）。

なぜ、ものは四大種により保持されているのですか。ものの分量が諸大種の分量と等しく、次々に引き継ぎ相続して壊れることがないからである（4　持）。

なぜ、ものは四大種によって増広せられるのですか。飲食したり、眠ったり、清らかな行を修したり、深い瞑想などによって、四大種がものを増広してものが益々増広するため四大種についてそれらがものを増広する原因だと説いているのである（5　養）。

以上、四大種のようなものの構成要素と色・香・味・触のような造られるものとを並べて考えると分かるように、いずれも以上のような五種の働きがあると知るべきである。

【読み下し文】

『瑜伽論《ゆがろん》』に云《いわ》く。「今当に先ず色聚《しきじゅ》の諸法を説くべし。」

問う。一切の諸法の生ずることは皆#自種《じしゅう》より而《し》て起こる。##云何《いかん》が説くや。諸の大種《だいしゅ》能く所造色《しょぞうしき》を生ずるや。云何が造色、彼に依るや。彼に建立せらるるや。彼に任持《にんじ》せらるるや。彼に長養《じょうよう》せらるるや。

答《と》う。一切の内外《ないげ》の大種と及び所造色との種子《しゅうじ》は、皆悉く内《ない》の相続《そうぞく》の心《しん》に依附《えふ》す。乃至諸大の種子未だ諸大を生ぜざるより以来《このかた》、造色の種子終に造色を生ずること能わざるに由って、要《かな》らず彼れ生ずるに由って、造色方《まさ》に自種子《じしゅうじ》より生ず。是の故に彼れ能く造色を生ずと説く。彼れ生じて前導《ぜんどう》と為《な》るに由るが故に、此の道理に由って諸の大種彼《か》の生因《しょういん》と為ると説く。

云何が造色彼れに依《よ》るや。造色生じ已って大種の処を離れずして転ずるに由るが故に。

云何が彼れに建立せらるるや。大種損益《そんえき》すれば、彼れ同じく安危《あんぎ》するに由るが故に。云何が彼れに任持せらるるや。大種に随って等量《とうりょう》にして壊《え》せざるに由るが故に。云何が彼に長養せらるるや。飲食《おんじき》・睡眠・修習梵行《しゅじゅうぼんぎょう》・三摩地《さんまじ》等に因って、彼れに依って造色倍《ますます》復た増広《ぞうこう》なるに由るが故に、大種を彼れが長養の因と為すと説く。是の如く諸の大種を所造色に望むるに、五種の作用《さゆう》有ることを知んぬべし。

\# 自種は唯識の種子であるから、種《しゅ》でなく（しゅう）と読む。この点に気付いているのは【小田】（二四〇）のみ。

\## 伝統的な読みでは「云何が諸の大種能く所造色を生ずと説くや」となっているが、五問を別々に立て、疑問形を先に一活して掲げる（【紀要別・声】八二頁、米田に倣う）。

【原漢文】

瑜伽論ニ云ク。今当サニシ三先ツ説ク二色聚ノ諸法ヲ一。

問フ。一切ノ諸法ノ生スルコトハ皆従リ二自種一而テ起ル。云何ンカ説クヤ。諸ノ大種能ク生スル二所造色ヲ一耶。云何ンカ造色依ルヤレ彼ニ。彼ニ所ルルヤ二建立セ一。彼ニ所ルルヤ二任持セ一。彼ニ所ルル二長養セ一耶。

答フ。由テ下一切ノ内外ノ大種ト及ヒ所造色トノ種子ハ皆悉ク依二附ス内ノ相続ノ心一ニ。乃至諸大ノ種子未タルヨリレ生セ二諸大ヲ一以来タ、造色ノ種子終ニ不ルニレ能ハ上レ生スルコト二造色ヲ一。要ラス由テ二彼レ生スルニ一造色方ニ従リ二自種子一生ス。是ノ故ニ説ク三彼レ能ク生スト二造色ヲ一。由ルカ三彼レ生シテ為《ナ》ルニ二前導ト一故ニ、由テ二此ノ道理ニ一説ク三諸ノ大種為《ナ》ルト二彼ノ生因ト一。

云何ンカ造色依ルヤ二於彼レニ一耶。由ルカ下造色生シ已テ不シテレ離レ二大種ノ処ヲ一而転スルニ上故ニ。

云何ンカ彼レニ所ルヤ二建立セ一。由ルカ二大種損益スレハ彼レ同ク安危スルニ一故ニ。

云何ンカ彼レニ所ルヤ二任持セ一。由ルカ下随テ二大種ニ一等量ニシテ不ルニ上レ壊セ故ニ。

云何ンカ彼レニ所ルヤ二長養セ一。由ルカ下因テ二飲食睡眠修習梵行三摩地等ニ一、依テレ彼レニ造色倍《マスマス》復タ増広ナルニ上故ニ、説ク三大種ヲ為スト二彼レカ長養ノ因ト一。如クレ是ノ諸ノ大種ヲ望ムルニ二所造色ニ一有ルコト二五種ノ作用一応シレ知ヌ。

【用語釈】

「色聚」『瑜伽師地論』では、一切の存在（一切諸法）を、色聚法、心心所法、無為法に三分する。色聚とは眼根の対象となるものとしての存在のこと。

「諸大種」地・水・火・風の四種の構成要素。

「梵行」サンスクリット語の brahmacarya の訳語。異性と接触しない等の浄行。

ロ　極微粒子は存在するか

【要旨】

極微粒子（極微）の有無について、有部《うぶ》と経量部《きょうりょうぶ》の説を破し、あわせて法相《ほっそう》の見解を提示する。


【現代表現】

また次にものが極微粒子から生まれるというようなことはありえない（有部説に対する批判）。もしものが自らの種子から生まれる時に極微粒子が集まれば、あたかももののが生まれたように見えるが、大中小と様々な大きさになっただけで、極微粒子が集まって、ものを造り上げるわけではない（経量部説に対する批判）。覚りの智慧によってものを見極めて、これが極小の粒子だと分別し、仮にそれを極微粒子とするけれども、それは仮に立てただけで実在はしない（法相の立場）。

またものには、方と分とがあるが、極微粒子にも、方と分があるかの問いに対して、ものには、上下四方といった方も、細分化の分も共にあるが、極微粒子には方はあるが、分はない。何故かといえば、極微粒子はもともと分けることの出来ない極限の微粒子であるから、それはものを構成する最小の単位であって、それ以上の分割はない。それ故に極微粒子にはそれ以上分けることの出来る性質を持たないのである。

【読み下し文】

復た次に色聚《しきじゅ》の中に於いて曾《かつ》て極微生《ごくみしょう》無し。若し自種より生ずる時に、唯《ただ》し聚集《じゅじゅう》して生ず。あるいは細《さい》あるいは中《ちゅう》あるいは大《だい》なり。又極微集まって色聚を成《じょう》ずるに非ず。但し#覚恵《かくえ》に由《よ》って諸色を分析《ぶんじゃく》して極量辺際を分別し、仮立《けりゅう》して以て極微とす。

又色聚に亦た方分《ほうぶん》有らば、極微にも亦た方分有るべしや。然れども色聚には分有り。極微には非ず。何を以ての故に。極微即ち是れ分なるに由って、此れは是れ聚色の所有なり。極微に復た余の極微有るに非ず。是の故に極微には分相有るに非ず。

【定弘】（四四）は「覚恵をもて諸色の極量辺際を分析するに、分別し仮立して以て極微と為す」と読む。

【原漢文】

復次於色聚中曾無極微生。若従自種生時唯聚集生。或細或中或大。又非極微集成色聚。但由覚慧分析諸色極量辺際分別仮立以為極微。又色聚亦有方分。極微亦有方分。然色聚有分。非極微。何以故。由極微即是分。此是聚色所有。非極微復有余極微。是故極微非有分相。

【用語釈】

「極微」　サンスクリット語の paramāṇu の訳語。最極の微細という意味。

「方分」　方は上下左右の方向、分は細かく分けること。『瑜伽師地論』では、色聚（もの）には方と分があるけれども、極微には方があるが、分はないと説く（【小田】二四六）。

八　四大種ともの

【要旨】

四大種の極微粒子とものとの関係について二種に分けて説くが、小乗仏教では、極微粒子はそれぞれ別々に存在すると主張するので、それに対する大乗の立場の違いを示す。次いで『瑜伽師地論』を引き、ものに十種あるいは十四種あるのは、すべて文字と関連を持ち、文字は真実なるものの具現化であるとの空海の主張に繋げる。さらに顕密の諸経論を挙げ、先に説かなかった色《いろ》の文字にも言及し、これら様々な色が色塵の文字であることを説く。

【現代表現】

さらにまた四大種（ものの構成要素）の極微粒子（極微）と造色（もの）の極微粒子とが離れられぬ関係（不相離）にあることについて二種の考え方がある。

その一つは同類《どうるい》のものが、同じ場所にあって相離れないこと（同処不相離）である。つまり四大種の極微粒子と、色・香・味・触等のものとの関係が同類で、離れられないことをいう。これらの間では、感覚器官（根）を具えないものからはいのちのないもの（非情）を、感覚器官を具えたものからはいのちをもつもの（有情）を生み、自類の大種と、造られたものが同じ場所で渉入する。

次に異質なものが同じ場所で交じり合って存在すること（和雑不相離）である。つまり四大種の極微粒子と異類の極微粒子とが渉入し合い共に同じ場所にあることをいう。

また四大種の極微粒子と物質の極微粒子が一つの集合体になっている状態は、色々な物を石で磨き潰して粉々にしたものに、水を加えて混ぜ合わせ、互いに離れないようにしたようなものである。とはいえ和雑不相離は、胡麻・緑豆・粟・稗等の異種の物を単に混ぜ合わせたバラバラの状態のことではない。

また同処不相離といっても、造られたすべてのものが、すべてにわたって四大種に依存していて、その場所と量を超えて、その物体が存在するようなことはない。乃至（その他の注釈は省略されている）四大種が依る場所に、色々なものが戻って大種に依ることになる。こういう理由によって造られたものはもとの大種に依ると説いている。以上のようなわけで、地・水・火・風の四大種を、大種と名づけたのである。この大種は性質が大であるために、大といい、物を生ずる種子となるために、種というのである。

また様々なものは、大別して十四となる。すなわち地・水・火・風の四大と、色・声・香・味・触の五境と、眼・耳・鼻・舌・身の五根とである。ただ意識の認識対象となるような実体の欠けるものを除く云々（『瑜伽師地論』巻三【大正】三〇・二九〇中の七科の中の第四科の文を引く）。

また十種の色塵を立てる説もある。詳しいことは前述の『瑜伽師地論』巻三を参照されたい。以上のように色塵つまりものに様々な区別があるのは、真理を形あるものとして現実化したものが文字であるからである。

また『大日経』（【大正】一八・二三上）に説かれているように、五色でもって阿字等を書くことを、これもまた色《いろ》の文字という。また生物や無生物の様々な姿を画くことも色の文字と名づける。錦、刺繍、彩絹、絹衣などきらびやかな衣類もまたこれ色の文字である。その他に『法華経』、『華厳経』、『大智度論』等にもまた様々な色の相違について詳しく述べられている。とはいえこれらの色は、いのちあるもの、いのちのない物、それぞれの十界の色に限られている。以上のように様々な相違を持つ色を、もの（色塵）の文字と名づけるのである。

【読み下し文】

又不相離《ふそうり》に二種有り。一《ひと》つには同処《どうしょ》不相離、謂《いわ》く。大種《だいしゅ》の極微《ごくみ》と、色香味触等と無根《むこん》の処に於いて離根《りこん》の者有り。有根の処に於いて有根の者有り。是れを同処不相離と名づく。二つには和雑《わぞう》不相離、謂く。即ち此の大種の極微と余の聚集《じゅじゅう》の能造所造の色処と倶なるが故に、是れを和雑不相離と名づく。

又此の遍満聚色《じゅしき》は応《まさ》に知るべし。種種の物を石をもって磨《す》って末《まつ》と為《な》して、水を以て和合して互いに相離せざらしむるが如し。胡麻緑豆粟稗《ろくずぞくはい》等の聚《じゅう》の如くには非ず。又一切の所造色は皆即ち大種の処に依止して大種の処量を過ぎず。乃至、大種所據《しょこ》の処所に諸の所造色還って即ち此れに據《よ》る。此の因縁に由って所造色、大種に依ると説く。即ち此の義を以て諸の大種を説いて名づけて大種と為《す》。此の大種、其の性大なるに由るが故に、種と為って生ずる故に。

又諸《もろもろ》の色聚の中に於いて、略して十四種の事《じ》有り。謂く。地水火風、色声香味触及び眼等の五根なり。唯し意所行色《いしょぎょうしき》を除くと云々。

又十種の色を立つ。具には彼に説くが如し。是の如くの種種の色の差別《しゃべつ》は即ち是れ文《もん》字《じ》なり。

又五色を以て阿字等を書くを亦た色《いろ》の文字と名づく。又種種の有情非情を彩画《さいえ》するを亦た色の文字と名づく。錦繍綾羅《きんしゅうりょうら》等亦た是れ色の文字なり。法華・華厳・智度等に亦た具に種種の色の差別を説けり。然れども内外の十界等には出《い》でず。是の如くの色等の差別、是れを色の文字と名づく。

【原漢文】

又不相離ニ有リ二二種一。一ニハ同処不相離、謂ク。大種ノ極微ト与二色香味触等一、於テ二無根ノ処一ニ有リ二離根ノ者一。於テ二有根ノ処一ニ有リ二有根ノ者一。是ヲ名ク二同処不相離一ト。二ニハ和雑不相離、謂ク。即チ此ノ大種ノ極微ト与二余ノ聚集ノ能造所造ノ色処一倶ナルカ故ニ、是ヲ名ク二和雑不相離一ト。

又此ノ遍満聚色ハ応サニシレ知ル。如シ三種種ノ物ヲ石ヲモツテ磨テ為レ末ト以レ水ヲ和合シテ互ニ不シムルカ二相離一セ。非スレ如ニハ二胡麻緑豆粟稗《ハイ》等ノ聚一ノ。

又一切ノ所造色ハ皆即チ依二止シテ大種ノ処一ニ不レ過キ二大種ノ処量一ヲ。乃至大種所拠ノ処所ニ諸ノ所造色還テ即チ拠ル此レニ。由テ二此ノ因縁一ニ説ク三所造色依ルト二於大種一ニ。即チ以テ二此ノ義一ヲ説テ二諸ノ大種一ヲ名テ為《ス》二大種一ト。由ルカ二此ノ大種其ノ性大ナルニ一故ニ、為テレ種ト生スル故ニ。

又於テ二諸ノ色聚ノ中一ニ略シテ有リ二十四種ノ事一。謂ク。地水火風色声香味触及ヒ眼等ノ五根ナリ。唯シ除クト二意所行色一ヲ云々。

又立ツ二十種ノ色一ヲ。具ニハ如シ二彼レニ説一クカ。如ノレ是ノ種種ノ色ノ差別ハ即チ是レ文字也。又以二テ五色一ヲ書二ク阿字等一ヲ亦名二ク色ノ文字一ト。又彩二画スル種種ノ有情非情一ヲ亦名二ク色ノ文字一ト。錦繍綾羅等亦是レ色ノ文字也。法華華厳智度等ニ亦具サニ説二ケリ種種ノ色ノ差別一ヲ。然レトモ不レ出二テ内外ノ十界等一ニハ。如レノ是ノ色等ノ差別是ヲ名二ク色ノ文字一ト。

【用語釈】

「無根」　根すなわち眼・耳・鼻・舌・身・意などの感覚器官を持たないもの。いのちを持たないもの。

「遍満聚色」　四大種（地・水・火・風）、四塵（色・香・味・触）が同居して生じたもの全般を指す。四大・四種の極微粒子が別々にならずに一つの聚まりの中に周遍している状態。

二　文字に対する賢愚の対処

【現代表現】

このような色の文字に対して、愚者はそれらに執着し、あるいは捉われて、その結果、貪（むさぼり）・嗔（怒り）・痴（真理に対する愚かさ）等の様々な煩悩をおこし、具体的には十悪とか五逆といった重罪を犯すことになる。頌に「能く迷う」と説かれているのはこのことである。

またその反対に、智者は前述のような因果関係を能く心に留めて、それらの色の文字に捉われることなく、また無視することもなく、汚れた現世を仏の理想世界と化す色々な形の曼荼羅を建立し、仏の広大な事業を成し遂げ、それによって上は諸仏を供養し、下は生きとし生ける者の利益をはかり、自己と他者の両方の利益を共に成し遂げる。頌に「能く悟る」と説かれているのはこのことである。

【読み下し文】

此れ是《こ》の文字は愚に於いては能く着《じゃく》し能く愛して、貪瞋痴《とんじんち》等の種種の煩悩《ぼんのう》を発《おこ》して、具《つぶさ》に十悪《じゅうあく》五逆《ごぎゃく》等を造る。故に頌に能く迷うと曰《い》う。智に於いては則ち能く因縁を観じて、取らず捨てずして、能く種種の法界曼荼羅《ほうかいまんだら》を建立《こんりゅう》し、広大の仏の事業《じごう》を作《な》す。上《かみ》諸仏を供《くう》じ、下《しも》衆生を利して、自利利他《じりりた》茲《こ》れに因《よ》って円満す。故に能く悟ると曰う。

【原漢文】
此レ是ノ文字ハ於レテハ愚ニ能ク着シ能ク愛シテ、発二シテ貪瞋痴等ノ種種ノ煩悩ヲ一、具サニ造二ル十悪五逆等ヲ一。故ニ頌ニ曰二フ能迷ト一。於レテハ智ニ則チ能ク観二シテ因縁ヲ一、不レ取ラ不レシテ捨テ、能ク建二立シ種種ノ法界曼荼羅ヲ一、作二ス広大ノ仏ノ事業ヲ一。上ミ供二シ諸仏ヲ一下モ利二シテ衆生ヲ一自利利他因レテ茲ニ円満ス。故ニ曰二フ能悟ト一。

【用語釈】
「十悪」　殺生《せっしょう》・偸盗《ちゅうとう》・邪淫《じゃいん》・妄語《もうご》・綺語《きご》・悪口《あっく》・両舌《りょうぜつ》・慳貪《けんどん》・瞋恚《しんに》・邪見《じゃけん》。
「五逆」　人の道に背き、仏道に逆らう五種の重罪。母を殺し、父を殺し、阿羅漢（聖者）を殺し、仏身を傷つけ、和合衆を破す（教団の破壊）の五種をいう。

ホ　生物・非生物、共に三種の色塵を具える

【要旨】

本文の第二句の解釈である。ここで、内とは生物、外とは非生物、依報とは非生物、正報とは生物を指す。生物、非生物を問わずすべてのものが顕・形・表の三色を具え、互いに交流しあうと述べる。常識的に考えれば、いのちある者が三色を具えるということは同意できるが、いのちのない物が顕と形を具え持つことは承認できても、表という動きまで持つかどうか疑われて当然である。この点に関して、古来種々の論議が重ねられている。

ところがここでいのちのない物にも表色が具わるという主張の論拠として、密教経典ではなく『華厳経』を挙げているところが面白い。『華厳経』では「仏の御体、その無数の毛穴の中にも、百千の生物や非生物が住み、それらが悉く遍照尊であって、説法しておられる」と説く。このような論法で、いのちのない物にもはたらきすなわち表色が

具わることを説くとともに、そこから山川星辰瓦礫に至るまでの非生物も悉く仏であるという、空海の独自の主張が垣間見られる。

【現代表現】

次に「内外の依正に具す」という本文には、三通りの意味がある。第一には生きている者（内色）は、いろ（顕）、かたち（形）、うごき（表）等の三つの性質を具えていることを明らかにし、第二にはいのちを持たない物（外色）も同じように三つの性質を具えていることを明らかにし、第三には生きている者（正報）は必ずしも常に生きものではなく、国土、山川、星辰をはじめとする環境世界等のいのちを持たない物（依報）もいつもいのちのない物と決まっているわけではない。互いにいのちのない物となったり、いのちを持つ者となったりすることを明らかにする。

『華厳経』の如来現相品（【大正】一〇・三二上）に、「仏の御体は不思議なものである。あらゆる国土がその中に収められている」と。また同品（【大正】一〇・三〇上）に「仏の御体の一本一本の毛穴の中に、考えられないほど多くの国や海があることを示し、それだけではなく、それぞれの毛穴の中に、無数の仏身を同じく現している。このように仏の身体はあらゆる世界に普く行き渡っている。さらにまたそれらの仏の御体の一本の毛穴の中にも、考えきれないほど多くの国土が存在し、塵芥のような小さい生物や無生物が限りなくたくさん住んでいる。それらの一つ一つにみんな遍照尊がおいでになって、大衆の中ですばらしい教えをお説きになられている。ちっぽけな塵芥の中にも、大小の国土が潜んでいて、そこには色々な特徴を持った生き者や物体が塵芥の数ほどいる。このようなあらゆる国土のどこにでも存在する一つ一つの塵の中にも、仏がすべておいでになる」と説かれている。

今これらの文によって、そこには仏の御体だけでなく、大小にかかわらず、生きとし生ける者の身体が、数限りなく存在していることがよくわかる。ある場合にはその身体が虚空全体に及ぶほどの巨大なものもいて、またとうてい説明しきれないほどの無限の数の仏国土を全部合わせたほどの大きさの身体量を持つ者もいる。それだけではなく、十の仏の国土の大きさ、あるいは一つの仏の国土の大きさ、時にはその反対に一つの極微の塵ほどのちっぽけな身量を持つ者等々がいる。以上のような大小の身体を持つ生物、大小の非生物、これらが互いに内の生きとし生ける者、外の国土、山川、星辰をはじめとする環境世界となって存在する。このようにあらゆる世界の生物も無生物も互いに支え、支えられ、互いに代わり合って存在している。このような世界では、生物と非生物とを問わず、あらゆるものは、いろ、かたち、はたらき、以上の三つの性質を具え持つ。それ故に「内外の依正に具す」と述べられているのである。

【読み下し文】

次に「#内外の依正に具す」と者《は》、此れに亦た三つ有り。一つには内色《ないしき》に顕形《けんぎょう》等の三つを具することを明かし、二つには外色《げしき》に亦た三色を具することを明かし、三つには内色定《さだ》んで内色に非ず、外色定んで外色に非ずして、互いに依正《えしょう》と為《な》ることを明かす。内色と言う者、有情、外色と者、器界《きかい》なり。

経に云《いわ》く。「仏身は不思議なり。国土悉く中にあり」。又「一毛《いちもう》に多刹海《たせつかい》を示現《じげん》す。一一の毛《もう》に現ずること悉く亦た然《しか》なり。是《かく》の如く法界《ほっかい》に普周《ふしゅう》す。又一毛孔《もうく》の内に難思《なんじ》の刹《くに》あり。微塵数《みじんじゅ》に等しくして種種に住す。一一に皆遍照尊有って衆会《しゅうえ》の中に在《いま》して妙法を宣《の》べたまう。一塵《いちじん》の中に於いて大小の刹《くに》、種種に差別《しゃべつ》せること塵数《じんじゅ》の如し。一切国土の所有《しょう》の塵《じん》、一一の塵の中に仏皆入りたもう。」

今此れ等の文《もん》に依って明らかに知んぬ。仏身及び衆生の身、大小重重なりと。或いは虚空法界《ほうかい》を以て身量とし、或いは不可説不可説《ふかせつふかせつ》の仏刹《ぶっせつ》を以て身量とし、乃至、十仏刹一仏刹一微塵《みじん》を以て身量とす。是《かく》の如きの大小の身土《しんど》互いに内外《ないげ》と為《な》り、互いに依正《えしょう》と為る。此の内外の依正の中に、必ず顕形表色を具す。故に「内外の依正に具す」と曰《い》う。

＃【定弘】【弘全】は「内外の依正に具す」とあるが、【賢宝】（一九二上―下）は「内外依正ニ具ス」と読み、「具」が、内、外、依、正の四字に通ずるとする。

【原漢文】

次ニ内外依正具ト者、此ニ亦有リレ三ツ。一ニハ明シ三内色ニ具スルコトヲ二顕形等ノ三ツヲ一、二ニハ明シ三外色ニ亦具スルコトヲ二三色ヲ一、三ニハ明ス下内色非ス二定テ内色ニ一外色非シテ二定テ外色ニ一互ニ為ルコトヲ中依正ト上。言フ二内色ト一者有情、外色ト者器界ナリ。経ニ云ク。仏身ハ不思議ナリ。国土悉ク在リレ中カニ。又一毛ニ示二現ス多刹海ヲ一。

一一《ノ》毛《ニ》現《スルコト》悉《ク》亦然《ナリ》。如《ク》是《ノ》普周《ス》於法界《ニ》。又一毛孔《ノ》内《ニ》難思《ノ》刹《アリ》。等《シテ》微塵数《ニ》種種《ニ》住《ス》。一一《ニ》皆有《テ》遍照尊、在《マシテ》衆会《ノ》中《ニ》宣《玉フ》妙法《ヲ》。於《テ》一塵《ノ》中《ニ》大小《ノ》刹、種種《ニ》差別《セルコト》如《シ》塵数《ノ》。一切国土《ノ》所有《ノ》塵、一一塵《ノ》中《ニ》仏皆入《リ玉フ》。

今依《テ》此等《ノ》文《ニ》明《ニ》知《ヌ》。仏身及《ヒ》衆生《ノ》身大小重重《ナリト》。或《ハ》以《テ》虚空法界《ヲ》為《シ》身量《ト》、或《ハ》以《テ》不可説不可説《ノ》仏刹《ヲ》為《シ》身量《ト》、乃至以《テ》十仏刹一仏刹一微塵《ヲ》為身量《ト》。如《ノ》是《ノ》大小《ノ》身土互《ニ》為《リ》内外《ト》、互《ニ》為《ル》依正《ト》。此《ノ》内外《ノ》依正《ノ》中《ニ》必《ス》具《ス》顕形表色《ヲ》。故《ニ》曰《フ》内外依正具《ト》。

【用語釈】

「器界」　仏教でいう器世間のこと。われわれの周辺を取り囲む、国土、瓦礫、山川、星辰などの環境世界。

「刹」　国土のこと。「多刹海」は多くの国土と海。「仏刹」は仏のいます国土。

「遍照尊」　『華厳経』の教主である盧遮那仏。

7 仏身と国土

【要旨】

『声字実相義』の終章に当たり、大乗仏教の仏身観に依りながら、密教の法身大日如来の四種の仏身を述べ、それらが法爾つまり自然そのままか、随縁つまり何かの因縁によって存在するか、この両面から、その身体と環境のありようを論じる。

大乗仏教の三種の仏身観では、仏身を法身《ほっしん》（真理そのものを仏身に見立てる）、報身《ほうじん》（過去世の誓いや行為の報いを受けて現れた仏身）、応化身《おうけしん》（衆生を救済するために種々の姿を取って現れた仏身、釈尊や祖師など）に分かつ。密教では、このうちの法身をさらに自性、受用、変化、等流の四種に分ける。ここでは大乗仏教の仏身観を取り入れた密教独自の四種の仏身観を展開している。ただしこの場合の密教の仏身観は、通常いわれる密教の仏身論とは相違する。

イ 法身仏の身体と国土

【要旨】

頌文の第三句である「法然と随縁と有り」の釈。初めに仏に関する四身の顕・形・表色の法爾《ほうに》と随縁《ずいえん》の意味を説明するが、『大日経』の入秘密漫荼羅位品《にゅうひみつまんだらいぼん》よりの引用文を用いて自性身についての、前半を法爾、最後に随縁の意味を示す。

宥快は、この『大日経』の引用文の中に、種々の密教的な読み込みを加える。煩雑になり、本題とは直接的にかかわりを持たないのであえて取り挙げないが、興味のある方は【宥快・義鈔】（二四九下）を参照されたい。

【現代表現】

本文の第三句の「法然と随縁と有り」とは、もの（色聚）は前述のように、いろ（顕色）、かたち（形色）、うごき（表色）の三種の性質を合わせ持つが、密教的な見地からすれば、それらは宇宙の真理そのままの存在で、いわゆる法身仏の御体（正報）とその国土（依報）そのものである。

『大日経』の入秘密漫荼羅位品（【大正】一八・三六中）からの部分的な引用には、「その時、世にも尊いお方である大日如来は、身心を安らかにする等至《とうじ》という名の瞑想状態に入られるや否や、諸仏の住まわれている国土では土地が平らになり、手のひらのようになって、そこでは次のような珍しい情景が展開されていた。金銀等の五種の宝の光が互いに入り混じり合い、甘さ、冷たさなどの特徴をもつ八種の功徳を具えた水をたたえた池が、あたり一面に芳しい香りを放ち満ち、その周辺には限りなく多くの鳥たち、鴛《おし》鴦《どり》や鵞鳥《がちょう》や鵠鳥《こうのとり》などがいて、それぞれが美しい声を競い合い、季節の花々が咲き乱れ、多くの木々が並び立っている。限りなく多くの楽器が奏されているが、いずれもおのずから韻律にかない、その音声は極めて微妙で、人々が聞きほれてしまうほどである。数多くの菩薩たちが修行時代に積み重ねた福徳により自然に感得した殿堂があり、美しい部屋があり、そこには自らの思いによって生じた宝座がしつらえられている。それらはいずれも如来の十段階の修行の際に起こす願力によって生じたものである。その宝座の上に、全宇宙のシンボルともいうべき（中台八葉の）大蓮華王を出現させて、全宇宙に遍満する如来の御身体がそこに住まわれている」と説かれている。

以上の文はどういった意味内容を表わすのかといえば、二つの意味を持っている。一つには法身仏の自然そのものである御体と、お住まいになる場所を明らかにする。経文に「全宇宙に遍満する御身体」とか「全宇宙のシンボル」と述べられているからである。二つ目は（法身の身体と国土が）因縁によって出現されたこともあわせて明らかにしている。経文に、「修行時代に積んだ福徳により自然に感得した」とか「如来の十段階の修行の際に起こした願力によって生じた」と説かれているからである。

「大日尊」とは、サンスクリット語では、大毘盧遮那仏（mahāvairocana-buddha）という。大毘盧遮那仏とは、法つまり真理そのものを身体とした法身の如来のことである。法身の御体とその住所は、因縁によってできたものではなく、自然そのものとして本来的に存在しているから法爾所成である。そのため頌に「法然と有り」とあるのもこのことを指している。

【読み下し文】

「法然《ほうねん》と随縁《ずいえん》有り」と者《は》、如上《にょじょう》の顕形等の色《しき》、或いは法然の所成《しょじょう》なり。謂《いわ》く。法仏《ほうぶつ》の依正《えしょう》是れなり。

『大日経』に曰く。「爾《そ》の時に大日世尊、等至三昧《とうじさんまい》に入りたもう。即時《そくじ》に諸仏の国土地《じ》平《ひょう》なること掌《たなごころ》の如し。五宝間錯《ごほうけんざく》し、八功徳水芬馥盈満《ふんぷくようまん》せり。無量の衆鳥《しゅうちょう》あり。鴛鴦鵝《えんのうが》鵠《こく》和雅《わげ》の音《こえ》を出す。時華雑樹敷栄《じけぞうじゅふよう》し間列《けんれつ》せり。無量の楽器自然《じねん》に韻《いん》に諧《かな》い、其の声微妙《みみょう》にして人聞かんと楽《ねが》う所なり。無量の菩薩の随福《ずいふく》所感の宮室殿堂《くうしつでんどう》意生《いしょう》の座《ざ》あり。如来の信解願力《しんげがんりき》の所生なり。法界幖幟《ほうかいひょうじ》の大蓮華王を出現して、如来の法界性身《ほうかいしょうしん》其の中に安住せり」と。

此の文《もん》は何の義をか現顕《げんけん》する。謂《いわ》く。二義有り。一つには法仏法爾の身土《しんど》を明かす。謂く。法界性身法界幖幟の故に。二つには随縁顕現《けんげん》を明かす。謂く。菩薩の随福所感と及び如来の信解願力所生《しょしょう》との故に。

謂く。大日尊と者、梵には摩訶毘盧遮那仏陀《まかびるしゃなぶつだ》と云う。大毘盧遮那仏と者、是れ乃《すなわ》ち法身如来なり。法身の依正は則ち法爾所成《ほうにしょじょう》なり。故に法然有と曰う。

【原漢文】

法然随縁有ト者、如上ノ顕形等ノ色、或ハ法然ノ所成ナリ。謂ク。法仏ノ依正是レナリ。

大日経ニ曰ク。爾ノ時ニ大日世尊入リ玉フ二於等至三昧一ニ。即時ニ諸仏ノ国土地平ナルコト如シレ掌ノ。五宝間錯シ、八功徳水芬馥盈満セリ。無量ノ衆鳥アリ。鴛鴦鵝鵠出ス二和雅ノ音ヲ一。時華雑樹敷栄シ間列セリ。無量ノ楽器自然ニ諧《カナ》ヒレ韻ニ、其ノ声微妙ニシテ人所ナリレ楽フレ聞カント。無量ノ菩薩ノ随福所感ノ宮室殿堂意生之座アリ。如来ノ信解願力ノ所生ナリ。法界標幟ノ大蓮華王ヲ出現シテ、如来ノ法界性身安二住セリト其ノ中ニ一。

此ノ文ハ現二顕スル何ノ義ヲカ一。謂ク。有リ二二義一。一ニハ明ス二法仏法爾ノ身土ヲ一。謂ク。法界性身法界標幟ノ故ニ。二ニハ明ス二随縁顕現ヲ一。謂ク。菩薩ノ随福所感ト及ヒ如来ノ信解願力所生トノ故ニ。

謂ク。大日尊ト者、梵ニハ云フ二摩訶毘盧遮那仏陀ト一。大毘盧遮那仏ト者是レ乃チ法身如来也。法身ノ依正ハ則チ法爾所成ナリ。故ニ曰フ二法然有ト一。


【用語釈】

「法然」　法つまり存在するものが自ずからのありようそのもののままであること。

「随縁」　何らかの縁つまり間接的な条件に随って出現したもの。空海は随縁という語を華厳宗関連で用いているが、開題類ではそれ以外の意味に用いる（【紀要別・声】一三六―一三八頁、土居の注参照）。

「或いは（法然の所成なり）」　古来この釈に二義あり。【小田】（二六七―二六八）によれば、「一義には顕形等の色が或いは法然所成であり、或いは随縁所成である。すなわち自性法身の依正二報は法然、受用以下の三身の依正は随縁であると意得る。この説は「或いは」に随縁の義を含めて見る義である。また一義には法仏の身土につき或いは法然或いは随縁也と意得という。此の義は四身に各法爾随縁の二義を具すると意得るのである」と注している。

「法仏」　法身仏のこと。真理つまり法そのものを仏身と見る。

「等至三昧」　サンスクリット語 samāpatti の意味を採った漢訳が等至、音訳は三昧で同じ意味を重ねた言葉。ただし『大日経疏』第十六（【大正】三九・七四七上）には、大日如来が自ら得た覚りの境地に、衆生も等しく至る意味と、阿闍梨の覚りの境地に弟子も等しく入らせる意味の両様の釈を加えている。

「五宝」　金・銀・真珠・珊瑚・琥珀の五種の貴重品（『陀羅尼集経』【大正】一八・八一四上）。

「八功徳水」　甘・冷・輭《なん》・軽・清浄・不臭・飲時不損喉・飲已不傷腸の八種の功徳ある水（『倶舎論』第十一【大正】二九・五七下）。

「信解願力」　菩薩が修行段階で踏まねばならぬ十段階の中の信解行地において起こす十大願の力。信解はサンスクリット語の adhimukti の訳語の一つ。教えを固く信じ、内容を深く理解することをいう。

「法界性身」　全宇宙に遍満する如来の御身体。【宥快・義鈔】（五六二下）によれば、自性法身に相当する。

ロ　報身仏《ほうじんぶつ》の身体と国土

【要旨】

大乗仏教の三身説の中の報身を密教仏として取りあげ、大日尊の報身として、随縁の仏と見做す。

【現代表現】

ある面では次のようにもいう。報身仏《ほうじんぶつ》もまた大日尊と見做されて密教の仏の中に入る。大日如来も過去世の修行で得た、理解を伴う信に基いた願いの力によって生じた仏という一面を合わせ持っている。だから大日如来の御身体のあらゆる部分に具わっているよろずの障害を打ち破る力が、十種も数えられる仏の智慧の力が信解とともに働いて生み出した数限りないお姿を荘厳するような、そのたたずまいの中に表われている。以上の経文は報身仏の御身体と場所を表したものである。

【読み下し文】

若しは謂く。報仏《ほうぶつ》を亦、大日尊と名づく。故に信解願力所生《しんげがんりきしょしょう》と曰《い》う。又時に彼《か》の如来の一切の支分無障閡力《むしょうげりき》は十智力信解《じっちりきしんげ》より生ずる所の無量の形色荘厳《ぎょうしきしょうごん》の相なりと云う。

この文は報仏の身土を明かす。

【原漢文】

若ハ謂ク。報仏ヲ亦名二ク大日尊一ト。故ニ曰二フ信解願力所生一ト。又云下フ時ニ彼ノ如来ノ一切ノ支分無障閡力ハ従二リ十智力信解一所レノ生スル無量ノ形色荘厳之相上ナリト。此ノ文ハ明二ス報仏ノ身土一ヲ。

【用語釈】

「報身仏」　過去世の修行や行動の報いによって得た身体をもつ仏。例えば大乗仏教では、過去世で衆生救済の誓願をおこし、その結果として阿弥陀仏に生まれたとされる。

「信解」　サンスクリット語の adhimukti の訳語。深い理解に基づいた確かな信。『大日経疏』（【大正】三九・七四七下）によれば如来の本願力を指す。

「支分」　身体の各部分。

「無障閡力」　障害を粉砕する力。

「十智力」　如来のみ所有する十種の智慧の力。十神力、十力ともいう。

八　応化仏《おうけぶつ》の身体と国土

【現代表現】

また一面では次のようにもいう。人々の能力に応じて教化のために身を現した応化仏も、また大日尊と見做されて密教の仏の中に入る。このような応化仏の放たれる光明は全世界を余すところなく照らす。それ故に『華厳経』（【大正】一〇・五八下）には、「或いは釈迦と名づけ、あるいは毘盧遮那とも名づけられる」と述べられている。また『大日経』（【大正】一八・三六中）には、「数えきれないほどの多くの歳月をかけて修した六波羅蜜等の功徳によって育まれた御身体である」といわれる。以上は過去世の衆生救済の強い願いによってかなえられた応化仏の御身体と場所を説いた文である。

【読み下し文】

若しは謂く。応化仏《おうけぶつ》を或いは大日尊と名づく。応化の光明普く法界を照らす。故に此の名を得。故に経に「或いは釈迦と名づけ、或いは毘盧遮那と名づく」と云う。『大日経』に「無数百千倶胝那由他劫《くていなゆたこう》に六度等の功徳に資長《しじょう》せらるる身なり」と云う。此れは応化仏の行願《ぎょうがん》の身土を明かす。

【原漢文】

若ハ謂ク。応化仏ヲ或ハ名二ク大日尊一ト。応化ノ光明普ク照二ス法界一ヲ。故ニ得二此ノ名一ヲ。故ニ経ニ云下フ或ハ名二ケ釈迦一ト、或ハ名中クト毘盧遮那上ト。大日経ニ云下フ無数百千倶胝那由他劫ニ六度等ノ功徳ニ所二ルル資長一セ身上ナリト。此ハ明二ス応化仏ノ行願ノ身土一ヲ。

【用語釈】

「応化仏」　大乗仏教での応化身を、密教では他受用《たじゅゆう》報身と見る立場と、応身一仏と見る立場がある。ここでは後者に相当する。応化仏の光明が全世界を照らすという説明が本文にあり、仏が人々を教化するために、彼らの宗教的な能力に応じて現れる仏身。

「倶胝・那由他」　サンスクリット語の koṭi と、nayuta の音訳。いずれも数えきれない永い歳月。

「六度」　六波羅蜜のことで、布施、持戒、忍辱、精進、禅定、智慧の六種の修行項目。

二　等流仏《とうるぶつ》の身体と国土

【現代表現】

またこのようにもいわれる。仏が姿を変えて現世に現れる等流身《とうるしん》もまた大日尊といわれる。大日如来は時空を超越して常時に光を照らすのが通常であるが、一部分だけ照らす場合もある。それは『大日経』入秘密漫荼羅位品（【大正】一八・三六中）に「等流身はしばらくの間だけ現れ、すぐに姿を隠す」といわれているからで、こういった意味で、等流身も大日如来と見做される。このように等流身もその存在が認められるから、その住所がなくてよいはずがない。以上により等流身の御体と住所を明らかにした。

【読み下し文】

若しは謂く。等流身《とうるしん》を亦、大日尊と名づく。分《ぶん》に此の義有るが故に。経に「即時出現」と云う者《は》、此の文は等流身の暫現速隠《ざんげんそくおん》を明かす。身既に有なり、土《ど》、豈無《あにな》からんや。此れは等流身の身及び土を明かす。

【原漢文】

若ハ謂ク。等流身ヲ亦名二ク大日尊一ト。分ニ有二ルカ此ノ義一故ニ。経ニ云二フ即時出現一ト者、此ノ文ハ明二ス等流身ノ暫現速隠一ヲ。身既ニ有ナリ、土豈ニ無ランヤ乎。此ハ明二ス等流身ノ身及ヒ土一ヲ。

【用語釈】

「等流身」　仏が人々を救済するために、人間や動植物に姿を変えて出現した身体で、これは密教独特の仏身。

ホ　四身の身体と国土

【現代表現】

以上に説き示したように、すべての生類とそれらの周辺に存在する生類でない物もすべてにわたって法身、報身など仏の四種身のいずれかに入ることになる。もしそれらを竪割りに区別すれば、大・小とか粗い・細かいなどの違いがあるが、横に並べて共通点を見ていけば、皆どれも極めて平等であって同一だといえる。このように四身の身と土はいずれも法爾（ありのままの状態）と随縁（何らかの因縁により生じた状態）の両面を持っているから、本文では「法爾と随縁と有り」と述べているのである。

【読み下し文】

上に説く所の依正の土は並びに四種身に通ず。若し竪《しゅ》の義に約せば、大小麁細《そさい》有り。若し横《おう》の義に據《よ》らば、平等平等にして一なり。是《かく》の如くの身及び土並びに法爾随縁《ほうにずいえん》の二義有り。故に「法然と随縁有り」と曰う。

【原漢文】

上ニ所レノ説ク依正ノ土ハ並ニ通二ス四種身一ニ。若シ約二セハ竪ノ義一ニ、有二リ大小麁細一。

若シ據ラハ二横ノ義ニ一、平等平等ニシテ一ナリ。如レノ是ノ身及ヒ土並ニ有二リ法爾随縁ノ二義一。故ニ曰二フ法然ト随縁ト有一ト。

へ　衆生の身体と国土

【現代表現】

上述のようにあらゆるものは、どれもがいろ・かたち・うごきの三種の性質を具えていて、互いに仏身となったり、あるいは住所となったりして存在している。以上は仏を中心として釈したが、一方、衆生の側に立って見ても変わりがない。

生きとし生ける者は皆もともと覚っている法身に他ならないから、仏と同様である。この身体も、その住所も自然のままに存在している。一方あらゆる世界（三界、ないし六道に住する者たちすべて）に存在するものの身体及びそれらの住所は、過去の因縁によって存在しているから、これを衆生の随縁と名づけるのである。

また『大日経』具縁品（【大正】一八・九上）に、「生きとし生ける者の世界を染めて、仏の世界とするには、真理そのものの味を以てなす」と述べられている。ここでいう

〝味〟とは、〝いろ〟の意味で、袈裟（kaṣāya）の色のことを加沙味ということと同じである。このことは現世も仏の世界と同じで、真理そのものの色について述べているのである。

【読み下し文】

是の如くの諸色は、皆悉く三種の色を具して互いに依正《えしょう》と為《な》る。此れは且《しばら》く仏辺《ぶっぺん》に約して釈す。若し衆生辺に約して釈せんこと亦復是《かく》の如し。

若しは謂く。衆生に亦、本覚法身有り。仏と平等なり。此の身此の土は法然の有《う》なり而已《まくのみ》。三界六道《さんがいろくどう》の身及び土は業縁《ごうえん》に随って有なり。是れを衆生の随縁と名づく。

又、経に云く。「彼《か》の衆生界を染むるに法界の味《み》を以てす」と。味は則ち色の義なり。加沙味《けさみ》の如し。此れ亦、法然の色を明かす。

【原漢文】

如レ是ノ諸色ハ皆悉ク具シテ二三種ノ色一ヲ互ニ為《ナ》ル二依正一ト。此ハ且ク約シテ二仏辺一ニ釈ス。

若シ約二シテ衆生辺一ニ釈センコト亦復如レシ是ノ。若ハ謂ク。衆生ニ亦有二リ本覚法身一。与レ仏平等ナリ。此ノ身此ノ土ハ法然ノ有ナリ而已ノミ。三界六道ノ身及与ヒ土ハ随二テ業縁一ニ有ナリ。是ヲ名二ク衆生ノ随縁一ト。又経ニ云ク。染二ルニ彼ノ衆生界一ヲ以二テスト法界ノ味一ヲ。味ハ則チ色ノ義ナリ。如二シ加沙味一ノ。此レ亦明二ス法然ノ色一ヲ。

【用語釈】

「本覚」　修行を経ないで、生まれながら本来的に覚っている状態のこと。

「三界」　欲界《よくかい》（欲望に満たされた世界）、色界《しきかい》（欲望はないが物質で満たされた世界）、無色界《むしきかい》（精神のみ存在する世界）。

「六道」　地獄、餓鬼、畜生、修羅、人、天という覚りに至らず、輪廻する者がたどる六種の世界。

「加沙味」　袈裟《けさ》の色は雑色《ぞうじき》が基本で、純粋の白・赤等の色ではない。

ト　能く迷い能く悟る

【現代表現】

以上述べたように、生物もしくは非生物など様々な色つまりものは、愚者にとっては（貪嗔痴を呼び起こす）毒となるが、智慧ある人にとっては（曼荼羅世界とみなされて）薬となる。それ故に頌の最後の句に「能く迷い、亦能く悟る」と述べられているのである。

【読み下し文】

是の如くの内外《ないげ》の諸色、愚に於いては毒と為《な》り、智に於いては薬と為る。故に「能く迷い、亦能く悟る」と曰う。

【原漢文】

如ノレ是ノ内外ノ諸色、於テハレ愚ニ為《ナ》リレ毒ト、於テハレ智ニ為ルレ薬ト。故ニ曰フ二能迷亦能悟一ト。

チ　問答

【要旨】

最後に問答として、自然のままの真理の世界と、何らかの因縁によってできた、現実世界のもの（諸色）に関連して、生み出したものと生み出されたものは何かについて論じる。

これらの点に関しては、先に顕教の説を述べたが、ここでは密教の立場を明らかにして、生み出したものは五大と五色であり、生み出されたものは三種世間であると結論付ける。

【現代表現】

以上のようなありのままの真理の世界と、何らかの因縁によってできた物などに関して、それらを生み出したものは何か、それから生み出されたものは何か。

これらの問いに対して次のように答える。すなわち生み出したものは地・水・火・

風・空の五種の存在原理であり、黄・白・赤・黒・青の五種の色である。また生み出されたものとは仏と、生きとし生ける者と、山川星辰などの非生物との三種の世間である。これらの三種の世界には限りなく他と違った、いろ・かたち・うごきがある。これらをそれぞれ真理そのままの、あるいは何かの因縁によって生じた、文字と名づける。
以上によって六塵の中の色塵に関する文を釈し終わった。

【読み下し文】

是の如くの法爾随縁の種種の色等の能造所造《のうぞうしょぞう》、云何《いかん》。
能生は則ち五大五色、所生は則ち三種世間《さんじゅせけん》なり。此れ是の三種世間に無辺の差別《しゃべつ》有り。
是れを法然随縁の文字《もんじ》と名づく。
已に色塵の文を釈し竟《おわ》んぬ。

【原漢文】

如レノ是ノ法爾随縁ノ種種ノ色等ノ能造所造云何ン。

能生ハ則チ五大五色、所生ハ則チ三種世間ナリ。此レ是ノ三種世間ニ有リ二無辺ノ差別一。是ヲ名ク二法然随縁ノ文字一ト。已ニ釈シ二色塵ノ文一ヲ竟ヌ。

【用語釈】

「三種世間」　ここでは『華厳経』による智正覚世間《ちしょうがくせけん》（仏の世界）、衆生世間《しゅじょうせけん》（生きとし生ける者の世界）、器世間《きせけん》（山川星辰瓦礫などの生命を持たない物質の世界）。

あとがき

『声字義』の主題は、前半と後半の二部に分かれる。前半部の「五大に皆響き有り、十界に言語を具す云々」の偈を中心とする言語の問題と、後半部の色聚つまりものの問題である。ここでは声と色の二塵と実相との関係が主題として取り上げられる。ところが現代の研究者の大部分は前半の言語論にのみ関心を示し、後半部の色聚の問題について関心を寄せることがほとんどない。

だが空海の思想遍歴を追う場合、『声字義』の後半部もまた見過ごすことが出来ない重要性を持つ。後半部は当時仏教界において隆盛であった三論、法相、華厳等の思想に十二分に配慮しつつ、その中に密教独自の思想を入り込ませようとする真言密教の普遍化の見事な手法が垣間見られる。

ただしこの後半部を十全に理解するためには、倶舎、唯識、華厳等の教理についての素養が不可欠であり、そのためには真言宗の伝統教学を参照する手続きも必要となる。伝統教学では、かつて「唯識三年、倶舎八年」という言い伝えがあった。祖典を十全に理解するためには、基礎学力の養成にこれほどの年月が必要とされたのであろう。現代の研究者が『声字義』の後半部を軽視し、避ける理由が何となくわかるような気がする。

とはいえ伝統教学のみに依存するだけでは十分とは言い得ない。伝統教学では、空海の生涯にわたって述作された数多くの書物の内容が、最初からすべて完成していて、時機と場所に応じて各々の著作が撰述されたという考えがその基底にある。生涯における思想の変化を大筋において認めないのである。

その結果、例えば『声字義』に関する伝統教学では、「五大に皆響き有り云々」の偈において、何故ここでは「六大」ではなくて「五大」なのかを問題として取り上げる注釈書が少なくない。空海にとって六大は常識とされており、あえてここで五大とした理由が必要となるためであろう。そのために、ここで「五大の義は即身義の中に釈するが如し」という余計な文を後世の注釈者が付加せざるを得なかったであろうことが想定される。その結果、『声字義』は『即身義』の撰述後に著作されたという常識が長い間に出来上がってしまった。

この箇所はそういった従来の定説を潔く捨て、『声字義』の出来た時期には、空海にまだ「六大」についての論理的な構想が出来上がっていなかった、と考えるほうが理にかなっている。『声字義』の後半部における南都諸宗の教学に対する比較的穏やかな取扱い態度には、その中に後の『吽字義』、『十住心論』、『秘蔵宝鑰』に見られるような鋭角的な顕教批判が認められないからである。

本書もまた、五年前より継続して進められてきた、高野山大学の密教文化研究所における令和元年度の十三回に及ぶ研究成果に基づくものである。この研究を担当していただいた松長潤慶、とりわけ米田弘仁、土居夏樹の両氏の伝統教学に対する緻密な配慮に基づく研究無くしては『声字義』の後半部の難解な思想の解明には至らなかったことに、甚深の謝意を表する次第である。春秋社編集部の豊嶋悠吾氏にも、いつものようにお世話をかけた。お礼の言葉を添えさせていただきたい。

令和二年四月八日

松長有慶　記

〈著者紹介〉
松長有慶（まつなが ゆうけい）
1929年、高野山生まれ。高野山大学密教学科卒業。東北大学大学院インド学博士課程修了。文学博士（九州大学）。高野山大学教授、同学長、同密教文化研究所所長、大本山寶壽院門主、高野山真言宗管長、全日本仏教会会長、真言宗長者等を経て、現在、高野山大学名誉教授、密教文化研究所顧問。専門は密教学。主著に『松長有慶著作集』〈全5巻〉（法蔵館）、『密教の歴史』（平楽寺書店）、『密教』『高野山』（岩波新書）、『秘密集会タントラ校訂梵本』『秘密集会タントラ和訳』（法蔵館）、『訳注 般若心経秘鍵』『訳注 秘蔵宝鑰』『訳注 即身成仏義』（春秋社）がある。

訳注 声字《しょうじ》実相義《じっそうぎ》

2020年6月20日　初版第1刷発行

著　　者　松長有慶
発 行 者　神田　明
発 行 所　株式会社 春秋社
〒101-0021　東京都千代田区外神田2-18-6
電話　03-3255-9611（営業）
　　　03-3255-9614（編集）
振替　00180-6-24861
https://www.shunjusha.co.jp/
装 幀 者　本田　進
印刷・製本　萩原印刷株式会社

© Yūkei Matsunaga　2020 Printed in Japan
ISBN978-4-393-11348-6　　定価はカバー等に表示してあります

◎松長有慶の本◎

訳注　般若心経秘鍵

空海が真言密教の立場から『般若心経』を解釈した『般若心経秘鍵』を読解。現代的視点から語る「付録　般若心経に聞く」も掲載。『空海　般若心経の秘密を読み解く』の改題新版。　２２００円

訳注　秘蔵宝鑰

世俗の段階からはじまり真言密教の段階に至るまでの十住心を説いた空海の代表的著作を、仏教用語から出典まで丁寧な解説を加え、わかりやすく読解した決定版。　３５００円

訳注　即身成仏義

この身このままで仏になれる「即身成仏」の思想を、六大・四種曼荼羅・三密加持の側面から理論的に説いた空海の代表作に、仏教用語から出典まで丁寧な解説を加えた決定版。　２５００円

祈り　かたちとこころ

東日本大震災では、世界中の人々の「祈り」が注目された。それを機にはじまった著者による「祈りとは何か」を考え直す試みのたどりついた成果とは。　１６００円

▼価格は税別。